Thomas J. Kraus

Wer bin ich?

Identität und Selbstfindung

Ein unterrichtspraktisches Handbuch
mit Arbeitsblättern und Folienvorlagen
für die Klassen 10 bis 13
in den Fächern Religion und Ethik

Lahn-Verlag, Limburg – Kevelaer

Bibliografische Information Der Deutschen Bibliothek

Die Deutsche Bibliothek verzeichnet diese Publikation in der Deutschen Nationalbibliografie; detaillierte bibliografische Daten sind im Internet über http://dnb.ddb.de abrufbar.

verlags gruppe engagement

Umschlag: AKUT Werbung GmbH, Dortmund
Satz: Verena Wix, Kevelaer
Druck und Bindung: völcker druck, Goch
Printed in Germany

ISBN 3-7840-3278-8

Inhalt

Einleitung

Situation und Intention

Wer bin ich? – Diese Schlüsselfrage beschäftigt den Menschen zweifellos ein ganzes Leben, dabei in den verschiedenen Lebensphasen unterschiedlich intensiv. Für Jugendliche wird die Thematik oftmals in der Auseinandersetzung mit der Umwelt virulent: Täglich sammeln sie neue Erfahrungen im Kontakt mit ihrer Umgebung, müssen Beziehungen aufbauen und beenden, werden zu Entscheidungen herausgefordert, müssen konkrete Standpunkte beziehen und Positionen herausbilden – kurz: die eigene Identität in Abgrenzung zur Umwelt bestimmen. Die vorliegende Unterrichtseinheit möchte Schüler(inne)n und Lehrer(inne)n Möglichkeiten aufzeigen, sich gemeinsam auf die *Suche nach Identität* zu begeben, was auf der Basis eines erfahrungsbezogenen Ansatzes erfolgt. Indes werden die Heranwachsenden mit grundsätzlichen Fragen und Kerninhalten konfrontiert, die Diskussionen herausfordern: der Sinn des Lebens, die Würde des Menschen, die eigene Position in der Gesellschaft, Wertmaßstäbe für ein verantwortetes Handeln. Dabei ist Raum gegeben, sich individuell und eigenständig diesem Themenkreis zu nähern, womit plurale Vorstellungen und unterschiedliche Ansätze zum Zuge kommen.
Generell ist die Stundenreihe so angelegt, dass eine Verwendbarkeit sowohl in den Fächern Ethik als auch Religion möglich ist, weshalb letztlich die Inhalte nicht konfessionell gebunden sind.

In den Unterrichtsskizzen gebrauchte Abkürzungen:

LSG	Lehrer/in – Schüler(innen)-Gespräch
SLG	Schüler(innen) – Lehrer/in-Gespräch
LV	Lehrer(innen)vortrag
SV	Schüler(innen)vortrag (meist Referat)
AB	Arbeits- bzw. Textblatt
F	Folie
L	Lehrkraftinformation

Dabei wird wie folgt zwischen *LSG* und *SLG* unterschieden: Das *LSG* führt die Lehrkraft durch Impulse und Fragen. Dadurch werden Interaktionen zwischen den Schüler(inne)n angeregt. Weitere Fragen sollen das Gespräch ordnen, kontrollieren und je nach Situation in Ergebnisse zusammenfassen. Dabei sind die Fragen primär als eine Einladung zur Beteiligung am Gespräch zu verstehen. Dagegen ist die Rolle der Schüler(innen) in einem *SLG* aktiver als in einem *LSG*. Die Lehrkraft nimmt sich in der Lenkung zurück, stellt aber nach wie vor gezielte Fragen, die nun von Seiten der Schüler(innen) umfassender zu beantworten sind. Ein *Unterrichtsgespräch* hingegen sieht die Lehrkraft vor allem in moderierender Funktion, die den Schüler(inne)n die Möglichkeit zur Meinungsartikulation gibt. Fragen werden gemeinsam geklärt, ein offenes Gespräch zwischen allen Teilnehmer(inne)n soll zustande kommen. Voraussetzungen sind jedoch eine kommunikative Klassenatmosphäre und die Fähigkeit der Lehrkraft zur Gesprächsleitung. Hiervon sind dann noch *Diskussion*, *Debatte* oder *Streitgespräch* abzugrenzen.

Identität – Begriffsbestimmung

„Der Begriff ‚Identität' ist leider alles andere als klar und wird uneinheitlich verwendet" (Oerter/Montada, Entwicklungspsychologie). Bereits der Blick in einfache Universallexika bestätigt dieses Urteil. Die Mathematik versteht hierunter bestimmte Gleichungen, Abbildungen und Relationen und geht wie die Logik eher von einer (vollkommenen) Übereinstimmung bzw. Gleichheit in allen Hinsichten aus. Die Psychoanalyse weist dem Begriff *Identität* die annähernd gleiche Bedeutung wie Identifikation zu. Wieder in einem anderen Bereich ist von Identitätsphilosophie die Rede, einer philosophischen Grundrichtung, die den Unterschied von Denken und Sein aufzuheben sucht. Und in der Sprachwissenschaft findet sich die Definition, *Referenzidentität* sei die Bezeichnung derselben Person durch zwei Nominalphrasen. Selbst innerhalb einer Fachdisziplin, insbesondere der Psychologie, wird der Begriff uneinheitlich umrissen. Hier hat jeder Mensch ein *kognitives* – sachliches – Wissen von sich selbst und eine *affektive* – gefühlsmäßige – Empfindung von sich (mit Selbstwertgefühl und Selbstvertrauen). Hinzu kommen *persönliche* Erfahrungen und *soziale* Identität (= Einschätzung durch andere). Nichtsdestotrotz ist aber letztlich die Psychologie jene Disziplin, die genau die Einschätzungen des Begriffs liefert, die dem Post-Pubertätsalter am meisten entspricht. Somit ist – nach Jan DeWitt (Psychologie des Jugendalters) – dann die eigene Identität erreicht, wenn folgende Aspekte gegeben sind:

- Das Individuum verfügt über eine innere Kontinuität: Es bleibt trotz unterschiedlichster Lebenssituationen und des Wechsels der sozialen Rollen stets das unverwechselbare und einmalige Ich.
- Das Selbstbild, das das Individuum von sich hat, und die Einschätzung durch andere stimmen überein.
- Das Individuum fühlt sich im eigenen Körper wohl, es wird von anderen anerkannt und mit einer Bedeutung versehen.

Ausgehend von dem Begriff *Selbstfindung* lassen sich diese Festlegungen in folgende leitende Fragestellungen fassen:

- die Frage nach der subjektiven Identität: »Wie bin ich?«
- die Frage nach der wünschbaren Identität: »Wie möchte ich sein?«
- die Frage nach der zugeschriebenen Identität: »Für wen hält man mich?«

Insgesamt ist festzuhalten, dass personale Identität einer lebenslangen Entwicklung unterliegt und so noch viel mehr zu einem schwer fassbaren Phänomen wird. Da dies für jeden Menschen gilt, sind dementsprechend von diesem Thema Schüler(innen) *und* Lehrer(innen) betroffen; beide Seiten sind im eigentlichen Sinne Lernende und können somit auf eine gemeinsame Suche gehen. Deshalb muss sich zwangsläufig eine Wertschätzung der Meinungen und Gefühle eines/einer jeden am Unterricht Beteiligten ergeben – eine Art Partnerschaft trotz des unterschiedlichen Alters und Status' – sowie die Offenheit für eine persönliche Auseinandersetzung. Dabei sollten gerade Fragen, die den Sinn des Lebens betreffen – etwa nach dem Woher, dem Wohin, dem Wozu oder dem Warum –, ohne Scheu und Unannehmlichkeit auf beiden Seiten zu verursachen, ihren Raum haben dürfen. Denn genau diese Sinnfragen prägen die Auseinandersetzung mit dem Begriff *Identität* und bilden eine stets präsente Herausforderung an Lehrkraft und Schüler(innen). Eine bloße fachwissenschaftliche Annäherung würde das Sicheinlassen auf eine gemeinsame Ebene des wechselseitigen Fragens und Hinterfragens verhindern. Dem soll in der Stundenreihe kontinuierlich Rechnung getragen werden. Demnach ist keine vollständige, jedoch selektive Betrachtung und Verinnerlichung des Themenbereichs mit akzentuierter Schwerpunktsetzung Ziel des unterrichtlichen Handelns.

Jugendliche, Heranwachsende *oder* Erwachsene?

„Je älter die Heranwachsenden werden, desto geringer sind die Möglichkeiten, etwas Allgemeines über ihren geistigen, emotionalen oder persönlichen ‚Entwicklungsstand' auszusagen" (Schenk-Danzinger, Entwicklungspsychologie). Die in der Regel Sechzehn- bis Achtzehnjährigen haben zumeist gerade eine Umbruchphase des menschlichen Lebens hinter sich gebracht bzw. unterliegen noch den mit diesem Lebensalter verknüpften Problemen. Grundlegende und dieses Lebensalter besonders bestimmende Faktoren und Aufgaben sind: die Beziehung zu anderen Menschen, eine Selbsteinschätzung anhand eigener und fremder Aussagen, die Herausbildung eigener Wertvorstellungen und deren Vergleich mit Positionen in der Gesellschaft sowie eine Selbstfindung, die ein Austasten des eigenen Platzes in der Gesellschaft zum Ziel hat. Dazu kommen die anstehenden, zum Teil stark belastenden Entscheidungen hinsichtlich der weiteren schulischen und beruflichen Laufbahn, etwa die Kurswahl für die Kollegstufe. Darauf wirken dann wiederum Nachrichten und momentan beklemmende Horrorszenarien über den aktuellen und zukünftigen Arbeitsmarkt ein. Ängste und Sorgen der Schüler(innen) sind deshalb präsent und wirken sich auf die Unterrichtsrealität dahingehend aus, dass mitunter die Aufmerksamkeit anderen Dingen gilt. Vielschichtige Erfahrungen, unterschiedliche Lebensverhältnisse (eigene Wohnung, Elternhaus, Geschwister, berufliche Nebentätigkeit etc.), zwischenmenschliche Beziehungen sowie eine langjährige Konfrontation und deshalb Vertrautheit mit verschiedenen Verlaufs-, Sozial-, Handlungsformen und Medien im Unterricht sind gute Voraussetzungen für eine offene und ergebnisorientierte Unterrichtsatmosphäre. Selbstständiges Lernen und Urteilen ist der Altersstufe angemessen, kritische Rückfragen von Schüler(innen)seite sind zu erwarten. Von diesen Entwicklungsbedingungen und Entwicklungserfordernissen der Schüler(innen) hat der Unterricht auszugehen, will er am Menschen orientiert sein.

Was will eine solche Unterrichtseinheit erreichen?

Die Ziele im Einzelnen:
1. Wecken und Reflektieren der Frage nach Gott, nach der Deutung der Welt, nach dem Sinn und Wert des Lebens.
2. Befähigung zu persönlicher Entscheidung in Auseinandersetzung mit Weltanschauungen und wissenschaftlichen Theorien.
3. Förderung von Toleranz gegenüber der Entscheidung anderer.
4. Anregen zur Identitätsfindung bzw. Suche nach der eigenen Identität.
5. Auseinandersetzung mit der Frage *Wer bin ich?*, der eigenen Stellung in der Gesellschaft und der persönlichen Bedeutung von Sinnfragen.
6. Akzeptanz eines Selbstwertes, eigener Werthaltungen und Schwächen als Bestandteil der eigenen Einmaligkeit.
7. Motivation zu einem verantwortlichen gesellschaftlichen Handeln.

Materialien

Die Auswahl der angegebenen Materialien folgt einem doppelten Prinzip (Theorie/Praxis): Neben fachwissenschaftlichen Grundlagen und Sachtexten (Texte von C.G. Jung, S. Freud, F. Riemann sowie Untersuchungsberichte aus dem Bereich der Zwillingsforschung) kommen ebenso Materialien zum Einsatz, die mit der Lebensrealität der Schüler(innen) enger verknüpft sind. Dies sind im Einzelnen: Songs, Cartoons, Kunstwerke, visuelle Erschließungshilfen (Fotos, schematische Darstellungen) und natürlich Literatur verschiedenster Gattungen und Ausrichtung (Bonhoeffer – autobiographisches Gedicht; Levi – autobiographische Schilderung; Gaarder – Roman; Adams – ironischer Science-Fiction-Roman), wobei stets pointiert deren zeitbedingte und subjektive Gestalt herausgestellt werden muss, um die Schüler(innen) zu persönlichen Stellungnahmen, Einschätzungen und auch Entscheidungen zu motivieren.
Besonders essentiell für das Gelingen der Einheit ist die Strukturierung der einzelnen Unterrichtsstunden anhand unterschiedlicher Materialien und Medien, all dies jeweils unter Berücksichtigung unterschiedlicher, abwechslungsreich eingesetzter Methoden, wobei Still- und Einzelarbeiten sowie Ruhephasen am Stundenende demonstrieren sollen, dass persönliches Denken und Fühlen im Mittelpunkt steht. Auswertende Partnerarbeiten sind dazu da, eigene Einschätzungen und Äußerungen einem/einer Gleichaltrigen mitzuteilen, wodurch zudem die Lehrkraftzentriertheit der Gespräche umgangen wird.

Ein Planungsvorschlag – die Unterrichtsstunden im Einzelnen

STUNDE 1: *Wer bin ich?* Identität – Ortsbestimmungen zu einem unklaren Begriff!

[Konfrontation mit und Hinführung zur Hauptfragestellung]

STUNDE 2: Identität – ein schwer greifbares Phänomen: *Grundlagen*

[Lexikonartikel; Identität als Mittelpunkt auseinander driftender Kräfte]

STUNDE 3: Identität – ein schwer greifbares Phänomen: *Was ist der Mensch?*

[Zitate, Aussagen, Werthaltungen]

STUNDE 4: Identität – was ist das?

[Einflussgrößen für Identität; C.G. Jung: *Auf der Suche nach dem Selbst*; S. Freud]

STUNDE 5: Auf der Suche nach Identität: Situationen und Fragestellungen

[Lebenssituationen für die Ausgestaltung der Frage nach eigener Identität; Literatur]

STUNDE 6: Zwei Menschen – eine Identität?

[Ergebnisse und Fragestellungen der Zwillingsforschung im Hinblick auf Identität]

STUNDE 7: Erkenne dich selbst – das Milgram-Experiment

[Selbsteinschätzung im Spannungsfeld von Befehl und Gehorsam]

STUNDE 8: Ängste – Grundformen menschlichen Lebens?

[Auseinandersetzung mit F. Riemann: *Grundformen der Angst* u. Erschließungshilfen]

STUNDE 9: Die Bibel – Antriebskraft für Selbsterkenntnis und Selbstfindung

[Mt 22,37–39; Mt 25,31–46 und andere Stellen; Lk 18,18–27 anhand eines Comic]

STUNDE 10: Vorbilder – Leitbilder – Ideale – Idole: Probleme mit scheinbar klaren Begriffen?

[Begriffsklärung anhand altersgemäßer Beispiele; Beispiel: Franz v. Assisi]

STUNDE 11: Medien und ihr Einfluss auf unsere Identität – Tageszeitungen im Vergleich

[Weltbilder u. Selbstkonzepte unterliegen ständigem Einfluss: Aufbau von Zeitungen]

Anmerkung:

Für den besseren Überblick schließen sich die jeweiligen Materialien: Arbeitsblätter, Folienvorlagen und Lehrkraftinformationen, auf die in der jeweiligen Unterrichtsstunde verwiesen wurden, sofort im Anschluss an diese an. Die Stunden selbst werden anhand eines Stundenverlaufs, eines schematischen Überblicks und eines Tafelbildes nachfolgend dargeboten.

STUNDE 1

Stundenverlauf:

- Scheinbar ohne jeglichen Bezug zu einer für die Schüler(innen) gewohnten Unterrichtssituation beginnt die Begegnung mit dem neuen Themenbereich *Auf der Suche nach Identität* in Form eines Rollenspiels, das dem Muster des bekannten Personenratens folgt: Es muss eine prominente Persönlichkeit enträtselt werden. Die sich zur Verfügung stellende Person aus dem Kreis der Klasse, für alle sichtbar hinter dem Pult sitzend, zieht einen von drei vorbereiteten Umschlägen und liest die darin enthaltene Anweisung. In jedem Umschlag findet sich: *Sie sind Sie selbst!* Dann stellt sie sich den Fragen ihrer Mitschüler(innen), welche sie nur mit *Ja* oder *Nein* beantwortet. Die Lehrkraft agiert als Quizmaster, der das Geschehen mit dem Titel *Wer bin ich?* durch eine Tafelanschrift sowie verbal einführt: („X repräsentiert eine Ihnen allen sehr wohl bekannte Persönlichkeit") und lenkt. Dabei darf und soll diese Rolle durchaus humorvoll überspitzt gespielt werden. Für einen noch größeren Anreiz bei allen Beteiligten können kleine Gewinne für die zu erratende Person bei jeder mit *Nein* zurückgewiesenen Frage ausgesetzt werden (z.B. Kleingeldmünzen, die in eine Spardose eingeworfen werden). Sollte es der Klasse nicht gelingen, durch geschicktes Fragen die Lösung herauszufinden, soll das Quiz nach etwa zehn verneinten Fragen aufgelöst und beendet werden, um den Überraschungseffekt möglichst lange und intensiv zu erhalten.
- Sofort erfolgt – für die Schüler(innen) aufgrund der entstandenen Unterrichtssituation kaum realisiert – eine Hinleitung zum Thema der Unterrichtseinheit durch die Fragestellung: *Hätte X auch jemand anderes sein können?*
- Anhand des ersten Planspiels auf dem nun ausgeteilten Arbeitsblatt (**AB1**), das in Form eines von der Lehrkraft durchgeführten Austausches zweier Personalausweise von Schüler(inne)n durchgeführt wird, kommt es zu einer weiteren Problematisierung des Unterrichtsgegenstandes. Dies mündet in der gemeinsamen Themenformulierung an der Tafel.
- Drei theoretische Situationen, die das zweite Planspiel des Arbeitsblattes schildert, werden zunächst in Still- und Einzelarbeit erfasst, schriftlich fixiert (Arbeitsauftrag 1) und dann mit dem Banknachbarn/der Banknachbarin diskutiert.
- Mittels der im Unterrichtsgespräch vorgestellten Ergebnisse und deren Bewertung anhand des Arbeitsauftrages 2 wird ein Vorverständnis des Begriffs *Identität* entwickelt.
- Um den Jugendlichen zu verdeutlichen, dass es fortan mehr noch als sonst um ihre Anliegen und vor allem um sie selbst gehen wird, erfolgt eine kurze Diskussion über die Schwierigkeiten, welche sich im Zuge einer längeren Reflexion über das Thema *Identität* einstellen können (Arbeitsauftrag 3).
- Zuletzt erfolgt noch die Anweisung, die Überlegungen zu Hause schriftlich fortzuführen.

Schematischer Überblick:

LERNSCHRITTE	LERNZIELE	MEDIEN UND UNTERRICHTSVERFAHREN
Einstieg: Spielerischer Impuls	* Begegnung mit der Fragestellung *Wer bin ich*? in einem Rollenspiel	Realien (Kleingeld, Sparbüchsen, Hupe, Umschläge u. Rollenkarten) Tafelanschrift LV (Einführung) Rollenspiel
Hinführung zum Thema	* Auswertung des Rollenspiels (*Hätte X auch jemand anderes sein können?*)	
Konfrontation mit der Themenstellung	* Aufmerksam werden auf Probleme bei alltäglicher Verwendung des Begriffs *Identität* * Formulieren des Themas der Unterrichtseinheit (gemeinsam)	Erstes Planspiel (AB1) Personalausweise Unterrichtsgespräch Tafelanschrift Unterrichtsgespräch
Erarbeitung	* Erschließung von verschiedenen Alltagssituationen, Artikulation eigener Reaktionen * Hervorbringen und Überprüfen persönlicher Eindrücke im Austausch mit Partner/in * Vorstellen und Würdigung der Ergebnisse	Zweites Planspiel (AB1), Arbeitsauftrag 1 Still-/Einzelarbeit Zweites Planspiel (AB1) Partnerarbeit Unterrichtsgespräch
Vertiefung und Ausweitung	* Bewertung der individuell-verschiedenen Äußerungen (*Was sagen die von Ihnen getroffenen Beschreibungsversuche über Sie als Person aus?*)	Arbeitsblatt (AB1), Arbeitsauftrag 2 Unterrichtsgespräch
Ausblick und Hausaufgabenstellung	* Erfassen einer Dilemmasituation (*Wo liegen für Sie die Schwierigkeiten, wenn Sie von Identität sprechen?*) * Verbalisieren konkreter individueller Schwierigkeiten (schriftlich)	Arbeitsblatt (AB1), Arbeitsauftrag 3 Unterrichtsgespräch Hefteintrag (eigenständig)

Geplantes Tafelbild:

Identität – Auf der Suche nach dem Unbekannten?

ERSTES PLANSPIEL:

Das *„Ich-verschaffe-Ihnen-eine-neue-Identität-Spiel"* – frei nach James Bond!

Ist dies überhaupt möglich oder machen uns Spionagefilme und Actionfilme etwas vor?

ZWEITES PLANSPIEL:

Stellen Sie sich folgende Situationen vor:

SITUATION 1	**SITUATION 2**	**SITUATION 3**
Sie haben sich für eine lukrative Stelle im gehobenen Management beworben und werden zu einem entscheidenden Vorstellungsgespräch eingeladen. Aufgeregt sitzen Sie in einem kahlen Vorzimmer und warten darauf, hereingerufen zu werden. Dann öffnet sich die Tür und ein teuer gekleideter Herr Mitte vierzig bittet Sie wortlos herein, stellt Sie zwei weiteren, korrekt gewandeten Herren jeweils Ende fünfzig vor und weist Ihnen einen Stuhl zu, sodass Sie an einem langen Schreibtisch den Herren frontal gegenübersitzen. „So, Sie haben sich bei uns beworben", eröffnet der Herr, der Sie hereingebeten hat, und blättert in Ihren Unterlagen. „Was uns jetzt aber mehr interessiert als Ihre Qualifikationen: *Wer sind Sie?*"	Jetzt platzt Ihnen aber der Kragen. Zum wiederholten Male hat Ihnen die Lehrkraft, welcher Sie unterstellen, dass sie Sie nicht ausstehen kann, eine schlechte Note erteilt, von der Sie überzeugt sind, diese sei nicht gerechtfertigt. Zufällig treffen Sie jene Lehrkraft im Flur. Sie sprechen die Person an, doch diese bleibt nicht stehen. Sie gehen Seite an Seite, während Sie ihre Ansichten hervorbringen und eine Rechtfertigung verlangen. Im Schuleingangsbereich schließlich können Sie nicht mehr an sich halten: Sie stoppen die Person, indem Sie sie am Arm fassen und leicht festhalten. Die Lehrkraft giftet Sie mit hochrotem Kopf an: „Was erlauben Sie sich eigentlich? Sie wollen meine Fachkompetenz anzweifeln, mir Fehler vorwerfen? *Wer glauben Sie eigentlich, dass Sie sind?*"	Eine Freundin hat Sie zu einer großen Party eingeladen. Sie überwinden Ihre Unentschlossenheit und gehen hin. Es kommt, wie Sie befürchtet hatten. Kaum eine Person ist anwesend, die Sie näher kennen. Schon beginnen Sie sich zu langweilen und fluchen über sich selbst, als Sie eine sympathisch und adrett aussehende Person sich ein Getränk holen sehen. Sofort sind Sie interessiert. Irgendetwas hat diese Person, das Sie anspricht, doch wagen Sie nicht sich zu nähern. Plötzlich reicht Ihnen von der Seite jemand einen Drink. Sie drehen sich der Person zu und Ihnen bleibt fast das Herz stehen. Just diese Person steht neben Ihnen und lächelt Sie an: „Hallo, du langweilst dich? Irgendwie siehst du sympathisch aus!" Sie glauben es nicht. Die Person spricht Sie an! „Sag mir: *Wer bist Du?*"

Arbeitsauftrag 1:

Nun liegt es an Ihnen! Ihre Gegenüber wollen wohl kaum (nur) Ihren Namen hören. Versuchen Sie möglichst kurz, die jeweils am Ende gestellten Fragen zu beantworten.

Arbeitsauftrag 2:

Was sagen die von Ihnen getroffenen Beschreibungsversuche über Sie als Person aus?

Arbeitsauftrag 3:

Wo liegen für Sie die Schwierigkeiten, wenn Sie von Identität („Wer bin ich?") sprechen?

STUNDE 2

Stundenverlauf:

- Die bereits in der Einleitungsstunde angeschnittene Fragestellung *Wer bin ich?* wird nun anhand des gleichlautenden Gedichtes von **Dietrich Bonhoeffer** lebensnah und mit einem geschichtlichen Schicksal identifizierbar betrachtet. Das Schüler(innen)-referat, das auch einen kurzen Lebenslauf Bonhoeffers beinhaltet, präsentiert den Mitschüler(inne)n das Gedicht auf Folie (**F1**). Dabei erläutert der Referent/die Referentin aus eigener Sicht Bonhoeffers Aussagen über Identität. Dies erfolgt aus der unverwechselbaren Realsituation heraus, die dem poetischen Werk zugrunde liegt. Unterstreichungen auf der Folie dienen als visuelle Hilfen.
- An die kollektive Wiederholung der vorangegangenen Stunde schließen sich die Auswertung der kurzen Hausaufgabe (vgl. **AB1**) sowie Nennung und Anschrift des Stundenthemas an.
- Danach erfolgt eine Konfrontation der Schüler(innen) mit einfachen Lexikoneinträgen zum Stichwort *Identität* (z.B. Duden), die schriftlich festgehalten und sofort von den Jugendlichen individuell-persönlich beurteilt bzw. je nach Relevanz für die eigene momentane Lebensrealität kritisiert werden.
- Die zu Stundenbeginn vollzogene Trennung zwischen Außen- und Innenansicht eines Menschen findet in der Begegnung mit dem Song *Schrei nach Liebe* aus der deutschsprachigen Punkmusik-Szene Vertiefung und Systematisierung. Der Song wird, nach einleitenden Kurzinformationen über Band, Musikrichtung und ähnliches, gemeinsam gehört (**AB2**) und mit Hilfe der Arbeitsaufträge in Still- und Einzelarbeit analysiert.

  Die Ergebnisse werden in einem auswertenden Unterrichtsgespräch unter der Teilüberschrift *Identität – Mittelpunkt auseinanderdriftender Kräfte?* als schematisches Tafelbild schriftlich fixiert. Dabei sollen die Kernaussagen des Songs (außen – innen; Selbsthass) ergänzt werden durch weitere Schüler(innen)äußerungen, welche die letztendliche Gestalt des Tafelbildes bestimmen.
- Unmittelbar daran schließt sich eine Ausweitung der bislang gemeinsam besprochenen Inhalte an: Der Logotherapeut **Viktor E. Frankl** erläutert beispielhaft in einem Schattenmodell (**F2A**) die Begrenztheit unserer Wahrnehmungen. Die Projizierung räumlicher Körper ergibt kein eindeutiges Bild, sodass nicht zweifelsfrei auf den Ausgangskörper geschlossen werden kann. Erst wenn eine Lichtquelle aus vielen unterschiedlichen Einfallswinkeln Schattenbilder des Ausgangskörpers hervorbringt, sind verlässlichere Aussagen darüber möglich. Übertragen gesprochen ist auch der Mensch nur mehrdimensional – d.h. vielschichtig und aus verschiedensten Blickwinkeln – verstehbar. Der entsprechende Teil der Folie wird während der Erklärung so abgedeckt, dass die Klasse durch Nachfragen Mutmaßungen über die Gestalt der Ausgangskörper anstellen kann.
- Den Schüler(inne)n wird aber erst bei der Präsentation des Kunstwerks von **Salvador Dali** deutlich (**F2B**), was konkret auch für den weiteren Unterrichtsverlauf wichtig ist: *das* Bild des Menschen gibt es nicht! Bei der Betrachtung werden die Einzelbilder von rechts nach links aufgedeckt, wobei die Schüler(innen) ihre Beobachtungen verbalisieren und dann mit Frankls Theorie in Verbindung bringen sollen.

Schematischer Überblick:

LERNSCHRITTE	LERNZIELE	MEDIEN UND UNTER-RICHTSVERFAHREN
Einstieg: Schüler(innen)referat	* Darstellen und Verbalisieren subjektiver Interpretationsansätze anhand eines Gedichtes von D. Bonhoeffer	Folie mit Textauszug (F1) Lehrer(innen)vortrag (Einleitung) SV
Rekapitulation	* Kollektives Verlaufsprotokoll der Vorstunde	SLG
Hinführung mit Themenstellung	* Auswerten der Hausaufgabe * Nennung des Stundenthemas	SLG LV Tafelanschrift
Erarbeitung • Darbietung	* Konfrontation mit einfachen Lexikoneinträgen zum Stichwort *Identität* * Beurteilen dieser Definitionsversuche nach individuell persönlicher Relevanz	LV Tafelanschrift Unterrichtsgespräch
• Begegnung und Vertiefung	* Entwicklung von weiteren Betrachtungsweisen anhand eines Songs und unter Einbeziehung des Einleitungsreferates • Begegnung mit Song *Schrei nach Liebe* • Analysieren der Textaussagen über die dargestellte Person • Auswerten der Ergebnisse	Arbeitsblatt (AB2) Cassette Stillarbeit Still-/Einzelarbeit Arbeitsaufträge auf AB2 Unterrichtsgespräch Tafelanschrift Koordinateneinträge *innen/außen*
• Ausweitung	* Erkennen der Problematik anhand eines schematischen Abbildungsversuchs (V.E. Frankl)	Folie (F2A) Unterrichtsgespräch Tafelanschrift
Anwendung	* Anwenden des abstrakten Schemas auf eine surrealistische Bildfolge (S. Dali)	Folie (F2B) Unterrichtsgespräch

Geplantes Tafelbild:

Identität – ein schwer greifbares Phänomen
Grundsätzliches

① Begriffsklärung (DUDEN-Fremdwörter-Lexikon):

- Existenz von jemandem/etwas als ein Bestimmtes, Individuelles, Unverwechselbares
- Wesensgleichheit; vollkommene Gleichheit oder Übereinstimmung (in Bezug auf Dinge oder Personen)
- Die als „Selbst" erlebte innere Einheit der Person (Psychologie u.ä.)

② Identität – Mittelpunkt auseinanderdriftender Kräfte?

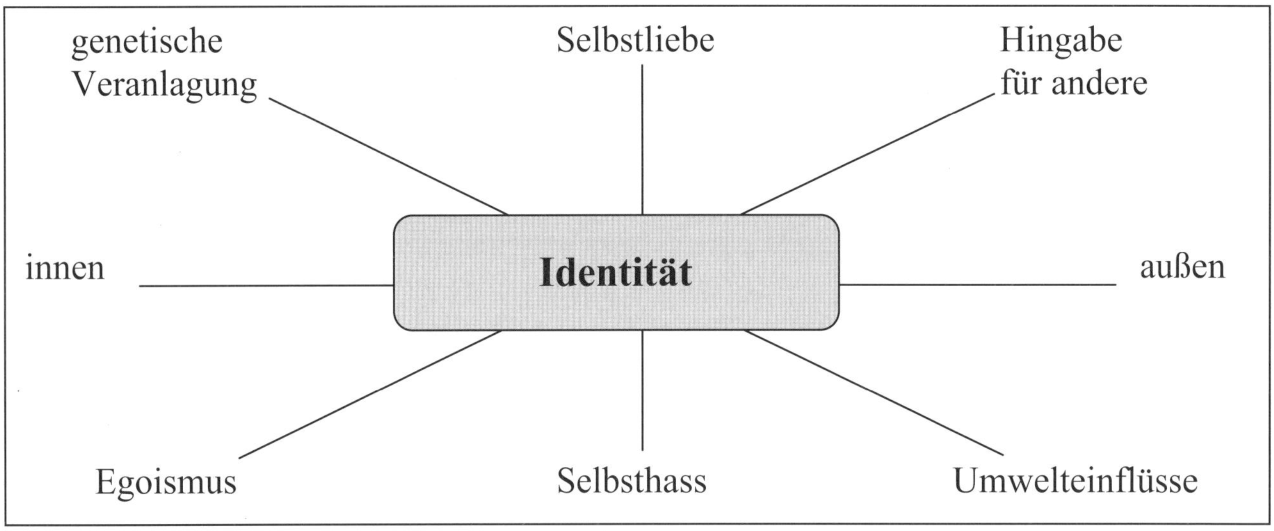

③ Eine Grundvoraussetzung für die Betrachtung menschl. Identität:

Versuch von **Viktor E. Frankl**: Lichtquelle + Gegenstand + Abbildungen

=> Mensch ist nur **mehrdimensional** verstehbar (viele Fachdisziplinen fragen)!

Schrei nach Liebe
Die Ärzte

Du bist wirklich saudumm
und darum gehts dir gut
Hass ist deine Attitüde,
ständig kocht dein Blut
Alles muss man dir erklären,
weil du wirklich gar nichts weißt
Höchstwahrscheinlich nicht einmal,
was Attitüde heißt

Refrain
Deine Gewalt
ist nur ein stummer Schrei nach Liebe
Deine Springerstiefel
sehnen sich nach Zärtlichkeit
Du hast nie gelernt dich zu artikulieren
und deine Eltern hatten niemals für dich Zeit
Arschloch!

Warum hast du Angst vorm Streicheln?
Was soll all der Terz?
Unterm Lorbeerkranz mit Eicheln,
weiß ich, schlägt dein Herz
Und Romantik ist für dich,
nicht bloß graue Theorie
Zwischen Störkraft und den anderen[1)]
steht´ne Kuschelrock-LP

Refrain
Deine Gewalt
ist nur ein stummer Schrei nach Liebe
Deine Springerstiefel
sehnen sich nach Zärtlichkeit.
Du hast nie gelernt dich zu artikulieren
und deine Eltern hatten niemals für dich Zeit
Arschloch!

Weil du Probleme hast,
die keinen interessieren
Weil du Schiss vorm Schmusen hast,
bist du ein Faschist
Du musst deinen Selbsthass
nicht auf andre projizieren
damit keiner merkt,
was für ein lieber Kerl du bist

Refrain
Deine Gewalt
ist nur ein stummer Schrei nach Liebe
Deine Springerstiefel
sehnen sich nach Zärtlichkeit
Du hast nie gelernt dich artizukulieren
und deine Freundin hatte niemals für dich Zeit
Arschloch!

[1)] „den anderen" ehemals „den Onkelz"

Arbeitsauftrag:
Welche Aussagen werden hier über die beschriebene Person getroffen?
Lassen sich die Aussagen über die Person unterscheiden/gruppieren? Wie?
Bewerten Sie die Darstellung der Person durch den Sprecher kritisch (neutral, wertend, verzerrend usw.)!

E M I L
AUSLÄNDER RA
Schuhe: "Doc Marten's" made in England
Socken: made in Singapore
Blue Jeans: made in Canado
Schnürsenkel, Weiss: made in Poland
T-Shirt: "Deutschland über alles" made in Philippines
Bomberjacke: made in Taiwan
Baseball-schläger: made in Süd Korea
Blaues Auge: made by Ylmüz Üstümbül, Neukölln
DETLEF SURREY

Wer bin ich?
Dietrich Bonhoeffer (1906 – 1945)

Wer bin ich? Sie sagen mir oft,
ich träte aus meiner Zelle
gelassen und heiter und fest
wie ein Gutsherr aus seinem Schloß.

Wer bin ich? Sie sagen mir oft,
ich spräche mit meinen Bewachern
frei und freundlich und klar,
als hätte ich zu gebieten.

Wer bin ich? Sie sagen mir auch,
ich trüge die Tage des Unglücks
gleichmütig, lächelnd und stolz,
wie einer, der Siegen gewohnt ist.

Bin ich das wirklich, was andere von mir sagen?
Oder bin ich nur das, was ich selbst von mir weiß?
Unruhig, sehnsüchtig, krank, wie ein Vogel im Käfig,
ringend nach Lebensatem, als würgte mir einer die Kehle,
hungernd nach Farben, nach Blumen, nach Vogelstimmen,
dürstend nach guten Worten, nach menschlicher Nähe,
zitternd vor Zorn über Willkür und kleinlichste Kränkung,
umgetrieben vom Warten auf große Dinge,
ohnmächtig bangend um Freunde in endloser Ferne,
müde und leer zum Beten, zum Denken, zum Schaffen,
matt und bereit, von allem Abschied zu nehmen?

Wer bin ich? Der oder jener?
Bin ich denn heute dieser und morgen ein andrer?
Bin ich beides zugleich? Vor Menschen ein Heuchler
und vor mir selbst ein verächtlich wehleidiger Schwächling?
Oder gleicht, was in mir noch ist, dem geschlagenen Heer,
das in Unordnung weicht vor schon gewonnenem Sieg?

Wer bin ich? Einsames Fragen treibt mit mir Spott.
Wer ich auch bin, Du kennst mich, Dein bin ich, o Gott!

A

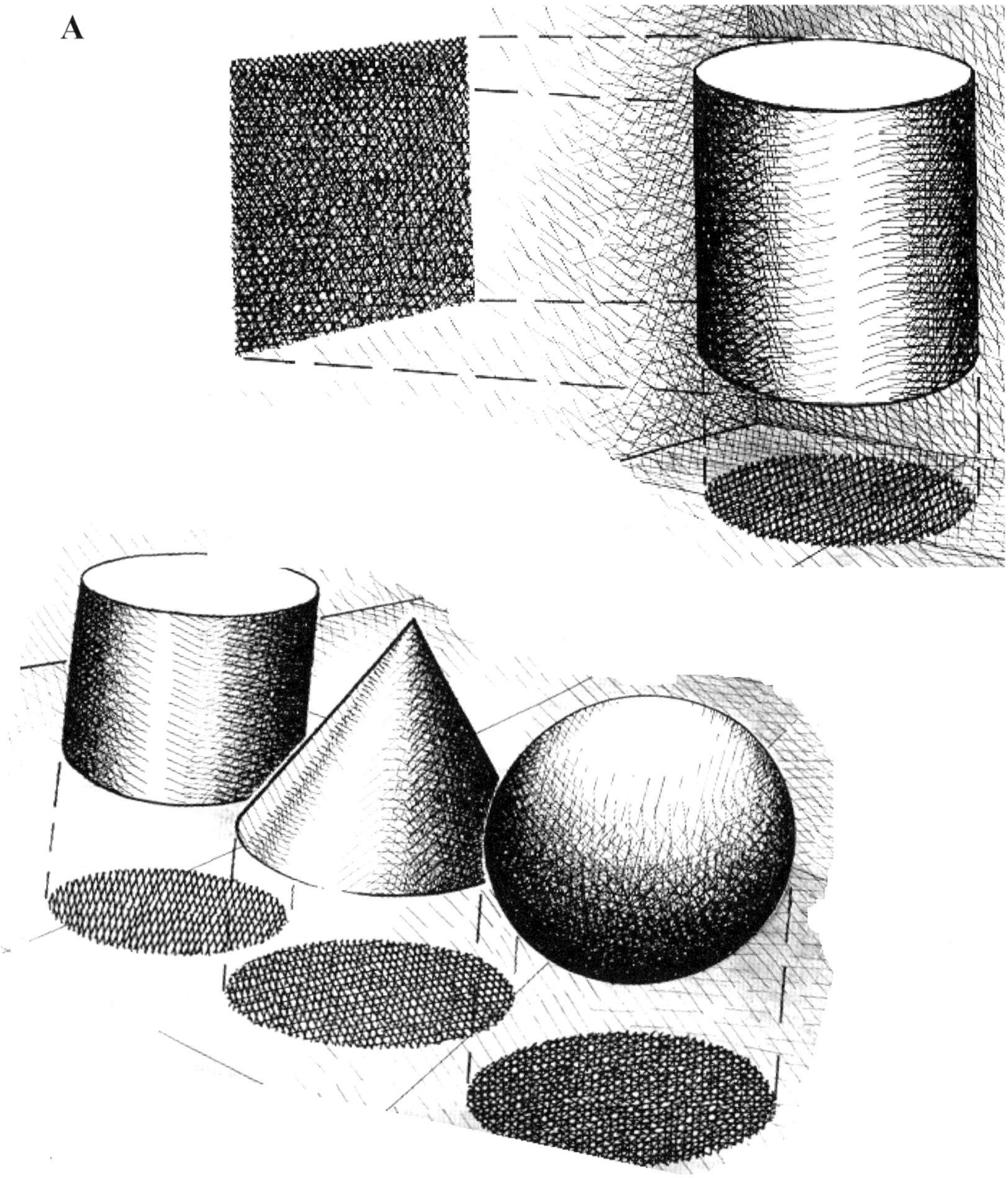

B

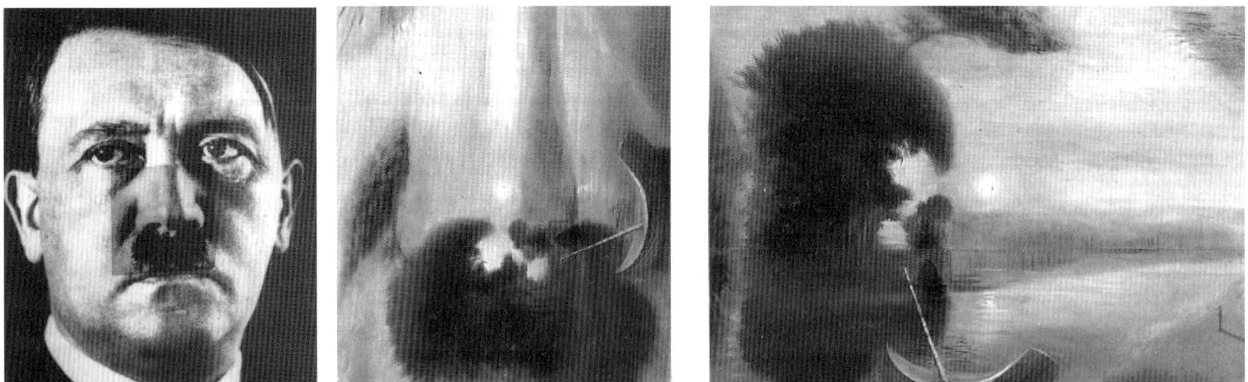

Salvador Dali. *Metamorphose von Hitlers Gesicht in eine Landschaft im Mondlicht mit Begleitung*. 1958.

STUNDE 3

Stundenverlauf:

- Wie schon in Stunde 2 erfolgt ebenso der Einstieg über ein Schüler(innen)referat. **Primo Levi** beschreibt in seinem autobiographischen Bericht *Ist das ein Mensch?* seine Zeit in Auschwitz. Nach der Ankunft in dem Konzentrationslager wird den Menschen alles genommen, was sie als Individuum bislang von anderen unterschieden hat: Anstelle der eigenen Kleidung müssen sie nunmehr eine Häftlingsuniform tragen, allen werden die Haare geschoren und eine mehrstellige Nummer ersetzt den eignen Namen. Hintergrundinformationen und persönliche Interpretationsversuche in Bezug auf die Themenstellung *Identität* werden von der Referentin/dem Referenten anhand einer Romanpassage aus *Ist das ein Mensch?* den Mitschüler(inne)n auch visuell nahe gebracht (**F3**).
- Anschließend erfolgt anhand der Folie ein gemeinsames, auswertendes Unterrichtsgespräch, welches in der an der Tafel fixierten Themenstellung mündet.
- Gleichzeitig wird das angeschriebene Stundenthema als Aufhänger für die Wiederholung der vorangegangenen Stunde genutzt. Dies geschieht mittels eines Verlaufsprotokolles, das von einem Schüler/einer Schülerin mündlich dargebracht und mit Fragen von Seiten der Lehrkraft unterstützt wird. Folie **F2** kann dabei als Gedächtnisstütze dienen.
- Eine provokante Frage bildet den Einstieg in die Erarbeitungsphase:
  Sind Sie als Menschen nun die Spitze der Evolution oder nur triebgesteuerte Wölfe?
  Die Jugendlichen können dies als Chance nutzen, ihre persönliche Einschätzung unverblümt zu äußern und dadurch ihre momentane persönliche Lebensrealitität einzubringen.
- Die Zitatensammlung auf dem Arbeitsblatt **AB3-A** zusammen mit den kurzen Hintergrundinformationen auf **AB3-B** sind Gegenstand einer Still- und Einzelarbeit auf der Basis der auf **AB3-A** abgedruckten Arbeitsaufträge, die anschließend sofort in einem Unterrichtsgespräch ausgewertet werden.
- Wieder in Still- und Einzelarbeit erfolgt die subjektiv emotionale Auseinandersetzung eines/einer jeden Einzelnen mit den Aussagen über den Menschen. Nach Möglichkeit sollen die Schüler(innen) dazu ermutigt werden, eigene Aussagen zu formulieren. Der Arbeitsauftrag wird an der Tafel und in den Schüler(innen)heften schriftlich fixiert, die eigene Entscheidung und Ansicht in mindestens sechs Sätzen schriftlich dargelegt.
- Die Hausaufgabe erscheint zunächst umfangreich. Dabei ist sie als weitere Vorbereitung auf ein eigenständiges Nachbereiten und Erarbeiten von Sachverhalten (wie für die gymnasiale Oberstufe gefordert) gedacht und in wenigen Minuten zu erledigen.

Schematischer Überblick:

LERNSCHRITTE	LERNZIELE	MEDIEN UND UNTERRICHTSVERFAHREN
Einstieg: Schüler(innen)referat	* Darstellen und Verbalisieren subjektiver Interpretationsansätze anhand des Romanauszugs *Ist das ein Mensch?*	Folie mit Textauszug (F3) Lehrer(innen)vortrag (Einleitung) SV
Hinführung mit Themenstellung	* Auseinandersetzung mit fremden Haltungen zu der Frage *Was ist ein Mensch?* anhand des Eingangsreferats (Was macht laut Primo Levi einen Menschen aus?)	Folie mit Textauszug (F3) Unterrichtsgespräch Tafelanschrift
Rekapitulation/Wiederholung	* Verlaufsprotokoll der Vorstunde	Folie (F2) SLG
Konfrontation	* Abwägen der Fragestellung *Was ist ein Mensch?* anhand einer provokanten Frage: Sind Sie als Menschen nun die <u>Spitze der Evolution</u> oder nur <u>triebgesteuerte Wölfe</u>?	Unterrichtsgespräch
Erarbeitung	* Auseinandersetzen mit und Beurteilen von fremden Werthaltungen * Entwicklung eigenständiger Ideen bzw. Entscheidung für oder gegen die vorgegebenen Aussagen als Auswertung	Arbeitsblatt (AB3-A+B) Arbeitsaufträge auf AB3-A Still-/Einzelarbeit Arbeitsblatt (AB3-A+B) Unterrichtsgespräch
Vertiefung	* Entwicklung einer differenzierten und persönlich geprägten Annäherung an das Thema: Schriftliche Erörterung (mind. sechs vollständige Sätze!)	Still-/Einzelarbeit Tafelanschrift Hefteintrag
Hausaufgabenstellung	* Vorbereitung für die nächste Stunde: - mind. 4 Gegensatzpaare erklären können - Zusatzinformationen zu 2 Namen einholen - eigene Annäherung als Kurzerörterung fertigstellen	Häusliche Nachbereitung (Hefteintrag)

Geplantes Tafelbild:

Identität - ein schwer greifbares Phänomen

Was ist der Mensch?

Verfassen Sie in mindestens sechs Sätzen eine abwägende Stellungnahme zu:

Meine eigene Annäherung an das Thema
Identität – Was ist der Mensch?

1. ....
   ....

2. ....
   ....

3. ....
   ....

4. ....
   ....

5. ....
   ....

6. ....
   ....

Identität – Ein schwer greifbares Phänomen
Was ist der Mensch?

O Promotheus

O Kain

O Spitze der Evolution

O animal rationale
Aristoteles

O zoon politicon
Aristoteles

O homo homini lupus
Thomas Hobbes

O zur Freiheit verdammt
Jean-Paul Sartre

O instinktreduziertes Wesen
Konrad Lorenz

O weltoffenes Wesen
Max Scheler

O ______________________________

O ______________________________

O Epimetheus

O Abel

O Ebenbild Gottes
Gen 1,27

O animal educandum
M. J. Langveld

O Ensemble gesellschaftl. Verhältnisse
Karl Marx

O homo homini deus
Ludwig Feuerbach

O zur Freiheit berufen
Paulus

O triebgesteuertes Wesen
Sigmund Freud

O sinnorientiertes Wesen
Viktor E. Frankl

Arbeitsauftrag:

Mit welchen Aussagen stimmen Sie überein (!)? Welche lehnen Sie ab (-)? Warum? Schreiben Sie in die freien Zeilen Ihre eigenen Definition!

Kurzinformationen zu:
Identität – Ein schwer greifbares Phänomen

PROMETHEUS [griech.: Vorausdenker]: einer der Titanen; formte der Sage nach als *Prometheus plasticator* die Menschen aus Lehm; als *Prometheus porphyros* brachte er den Menschen das Feuer und wurde von Zeus zur Strafe an einen Felsen geschmiedet, wo ihm ein Adler täglich die nachwachsende Leber zerfleischte.

EPIMETHEUS [griech.: der zu spät Denkende]: in der Sage der Bruder des Prometheus, der jedoch immer erst handelt, dann denkt; dessen Hauptkennzeichen also die Unbedachtheit ist.

KAIN/ABEL: Brüderpaar der Bibel (Gen 4); Sinnbild für Hirte und Bauer, Aggressivität und Zurückhaltung, Täter und Opfer ...

ARISTOTELES: (384-324 v.Chr.) Schüler des Platon und bis in die Neuzeit hinein prägender Denker; *animal rationale*: Mensch unterscheidet sich vom Tier dadurch, dass nur er zusätzlich Vernunft besitzt (Hierarchie des Seins); *zoon politicon*: Mensch ist von Natur aus ein Staaten bildendes Wesen, Staaten entspringen der menschlichen Neigung zur Gemeinschaft.

THOMAS HOBBES: (1588-1679) entwickelt vor allem in seinem Hauptwerk *Leviathan* die Theorie eines Gesellschaftsvertrages, worin sich jeder Mensch verpflichtet, dem Willen eines anderen, dem er sich unterworfen hat (z.B. Herrscher), keinen Widerstand zu leisten. Im Naturzustand nämlich, außerhalb von Gesetz und Staat, ist jeder Mensch rücksichtslos auf den eigenen Vorteil bedacht, es wird also der *Mensch des Menschen Wolf (homo homini lupus)*. Im Naturzustand herrschen Krieg und das Recht des Stärkeren.

JEAN-PAUL SARTRE: (1905-1980) Hauptvertreter des Existentialismus; These: *Mensch ist zur Freiheit verdammt.* Für Sartre gibt es keinen Gott, welcher das Wesen den Menschen bestimmt. Mensch hat somit das Schicksal, dass er sich eigenständig verwirklichen muss. Diese Freiheit ist gleichzeitig Last und Begrenzung des Menschen, der keine andere Alternative hat.

KONRAD LORENZ: (1903-1989) Zoologe und Verhaltensforscher; bekannte Verhaltensbeobachtungen an Graugänsen; zusammen mit Irenäus Eibl-Eibelsfeldt stößt er auf Parallelen zwischen *moralanalogem Verhalten beim Tier bzw. ererbten Eigenschaften des Menschen:* Egoismus, Aggression, u.ä. sind auch im Tierreich vorhanden. Deshalb ist der Mensch zunächst nur auf die angeborenen Eigenschaften (*Instinkte*) reduziert, kann/muss aber alles Weitere erlernen.

MAX SCHELER: (1874-1928) Philosoph, Vertreter der Phänomenologie und Wertethik; Mensch besteht aus Drang und Geist, er ist einerseits Tier, andererseits durch den Geist frei von der Fesselung des Drangs und somit *offen für die Welt*.

KARL MARX: (1818-1883) sog. Linkshegelianer; „Kommunistisches Manifest", „Das Kapital"; *gesellschaftliche Bedingungen und Verhältnisse definieren den Menschen*, deshalb darf die Arbeiterschaft Missstände nicht als gegeben hinnehmen.

LUDWIG FEUERBACH: (1804-1872) sog. Linkshegelianer; „Das Wesen des Christentums"; Mensch projiziert menschliche Wesenseigenschaften als unbegrenzte Ideale von sich weg und schafft sich somit die Götter. Deshalb ist der *Mensch des Menschen Gott* (*homo homini deus*).

SIGMUND FREUD: (1856-1939) Wiener Arzt und Psychologe; Begründer der Psychoanalyse; Erfolge in der Behandlung seelisch erkrankter Menschen durch das Aufdecken verdrängter Vorstellungs- und Wunschkomplexe; *Triebe (Es) und deren Bewältigung sind für den Menschen von großer Bedeutung.*

VIKTOR E. FRANKL: (*1905) Neurologe und Psychiater; Begründer der Logotherapie; im Gegensatz zu Freud *konzentriert sich der Mensch* bei Frankl *auf einen Sinn hin.* Somit wird der Mensch nicht durch das unbewusst Triebhafte beherrscht, sondern richtet sich auf einen Sinn aus.

MARTIN J. LANGEVELD: (*1905) niederländ. Erziehungswissenschaftler/Pädagoge; fundierte Erziehungstheorie über die Anthropologie des Kindes u. praktische Schulfragen.

Arbeitsauftrag:

Informieren Sie sich weiter über diejenigen Personen oder Aussagen, die Sie besonders interessieren.
Sollten Sie Tipps, Literaturempfehlungen oder ähnliches benötigen, sprechen Sie Ihre Lehrkraft an!

Primo Levi
Ist das ein Mensch?

Bericht über die ersten Stunden nach Einlieferung in das Konzentrationslager Auschwitz:

Als wir fertig sind, bleibt jeder in seinem Winkel, und wir wagten es nicht, einander anzublicken. Es gibt nichts, worin wir uns spiegeln könnten, und doch haben wir unser Ebenbild vor Augen, es bietet sich uns in hundert leichenblassen Gesichtern dar, in hundert elenden und schmierigen Gliederpuppen. So sind wir nun in ebensolche Gespenster verwandelt, wie wir sie gestern abend gesehen haben.

Da merken wir zum erstenmal, daß unsere Sprache keine Worte hat, diese Schmach zu äußern, dies Vernichten eines Menschen. In einem einzigen Augenblick und fast mit prophetischer Schau enthüllt sich uns die Wahrheit: Wir sind in der Tiefe angekommen. Noch tiefer geht es nicht; ein noch erbärmlicheres Menschendasein gibt es nicht, ist nicht mehr denkbar. Und nichts ist mehr unser: Man hat uns die Kleidung, die Schuhe und selbst die Haare genommen; werden wir reden, so wird man uns nicht anhören, und wird man uns auch anhören, so wird man uns nicht verstehen. Auch den Namen wird man uns nehmen; wollen wir ihn bewahren, so müssen wir in uns selber die Kraft dazu finden, müssen dafür Sorge tragen, daß über den Namen hinaus etwas von uns verbleibe, von dem, wie wir einmal gewesen.

[...]

Nun denke man sich einen Menschen, dem man, zusammen mit seinen Lieben, auch sein Heim, seine Gewohnheiten, seine Kleidung und schließlich alles, buchstäblich alles nimmt, was er besitzt: Er wird leer sein, beschränkt auf Leid und Notdurft und verlustig seiner Würde und seines Urteilsvermögens, denn wer alles verloren hat, verliert auch leicht sich selbst; so sehr, daß man leichthin und ohne jede Regung verbindenden Menschentums, bestenfalls aber auf Grund reiner Zweckmäßigkeit über sein Leben und seinen Tod wird entscheiden können. So wird man denn die zweifache Bedeutung des Wortes *Vernichtungslager* verstehen und ebenso, was ich mit der Definition >in der Tiefe liegen< zum Ausdruck bringen möchte.

„Häftling“: Ich lernte, daß ich ein „Häftling“ bin. Mein Name ist 174 517; wir wurden getauft, und unser Leben lang werden wir das tätowierte Mal auf dem linken Arm tragen.

Anmerkung:

Primo Levi versuchte, durch literarische Aufarbeitung seiner Erlebnisse die Frage zu beantworten, warum gerade er *das Konzentrationslager überlebt hatte, während unzählige andere Menschen sterben mussten. Er bemühte sich dadurch, die Geschehnisse zu verarbeiten. Am 11. April 1987 nahm er sich in Turin das Leben.*

STUNDE 4

Stundenverlauf:

- Ohne jede Anmerkung konfrontiert die Lehrkraft die Klasse mit dem an die Tafel gezeichneten Symbol Ying/Yang und holt Vorwissen ein, das die Schüler(innen) zum Teil hierzu haben.
- Der Aspekt der inneren Teilung eines Menschen, die aber doch eine Einheit in sich bildet, kann als Aufriss für die anschließende Wiederholung der vorangegangenen Stunde genutzt werden, welche als Ergebnisprotokoll ablaufen soll. Dabei fließt die Auswertung und Überprüfung der Hausaufgabe ein.
- Sofort erfolgt die Aufforderung an die Schüler(innen), ein *Brainstorming* über zwei persönlich formulierte Fragen durchzuführen:
  - ♦ *Was macht für mich Identität aus?*
  - ♦ *Was beeinflusst Identität?*

  Schematisch werden die auf objektiv allgemeiner Ebene gesammelten Ergebnisse an der Tafel unter der Überschrift der Unterrichtsstunde festgehalten. Dabei bestimmen die Schüler(innen)äußerungen die Gestalt des Tafelbildes. Sie werden mit Pfeilspitze in die Zeichnung eingetragen, z.B. Veranlagung, Religion, Medien, Lebensituationen, Erfahrungen, Erlebnisse usw.
- Der Ansatz des Psychoanalytikers **Carl Gustav Jung** kann sehr einfach in Verbindung mit dem Eingangssymbol gebracht werden. Dabei sollte auf Vorwissen der Schüler(innen) gebaut werden bzw. von der Lehrkraft einleitend kurze Informationen über Jung angeboten werden. Der adaptierte Text (**AB4**) wird auf einem gesonderten Arbeitsblatt präsentiert, um sofort eine Verbindung mit der schematisierten Darstellung der Ansichten Jungs visuell für die Schüler(innen) zu ermöglichen. In Still- und Einzelarbeit erfolgt eine Beschäftigung mit dem Text unter Anwendung der Västeras-Methode. Diese beinhaltet das Erarbeiten eines Textes durch die Kennzeichnung mit unterschiedlichen Zeichen. (**?** => Diese Stelle verstehe ich nicht, sie wirft Fragen auf. **!** => Hier wird eine wichtige Aussage getroffen. 🡇 => Diese Aussage lehne ich ab. 🡅 => Dieser Stelle stimme ich voll zu, mir ist ein Licht aufgegangen.) Es schließt sich eine gemeinsame Beantwortung offener Fragen an sowie eine Sammlung und Auswertung der im Unterrichtsgespräch erarbeiteten Ergebnisse auf Folie **F4** (Vorlage **F5**), welche von den Schüler(inne)n selbständig auf das Arbeitsblatt (**AB4**) übertragen werden. Zur genaueren Verdeutlichung der komplexen Sachverhalte wird den Schüler(inne)n eine schematische Tafelanschrift dargeboten, die dann gemeinsam beurteilt und ebenso kritisiert werden soll.
- Das Arbeitsblatt **AB5**, das in groben Zügen die Lehre **Siegmund Freuds** von *Überich*, *Ich* und *Es* darstellt, wird schon in der Stunde kurz diskutiert, wobei aber die Arbeitsaufträge schriftlich zu Hause erfüllt werden müssen.

Schematischer Überblick:

LERNSCHRITTE	LERNZIELE	MEDIEN UND UNTERRICHTSVERFAHREN
Einstieg: Motivation durch bekanntes Symbol	* Verbalisieren von Vorwissen anhand von Ying/Yang	Zeichnung an Tafel SLG
Rekapitulation/Wiederholung	* Ergebnisprotokoll der Vorstunde * Überprüfen der Hausaufgabe	SLG SLG / Unterrichtsgespräch
Hinleitung mit Themenstellung	* Brainstorming über zwei Impulsfragen: *Was macht für mich Identität aus? Was beeinflusst meiner Ansicht nach Identität?* * Auswerten und Systematisieren der Ergebnisse	Still-/Einzelarbeit Unterrichtsgespräch Tafelanschrift
Erarbeitung/Texterschließung	* Sammeln von Vorwissen und einführende Kurzinformationen zu C.G. Jung * Aufmerksames, sinnhaftes Lesen (! für wichtige Aussagen – ? für Unverstandenes) * Gemeinsame Beantwortung offener Fragen * Sammeln und Auswerten der Ergebnisse	Unterrichtsgespräch LV Arbeitsblatt (AB4) Still-/Einzelarbeit Unterrichtsgespräch Arbeitsblatt (AB4/Schema) Folie (F4/F5) LSG Eintrag in Schema / Folie Tafelanschrift
Vertiefung und Hausaufgabenstellung	* Anregung zur Entwicklung eigenständiger Interpretationsansätze (Vergleich Jung-Freud)	Arbeitsblatt (AB5) Arbeitsaufträge Unterrichtsgespräch

Geplantes Tafelbild:

Identität – Was ist das?

Was macht Identität aus?
Was beeinflusst Identität?

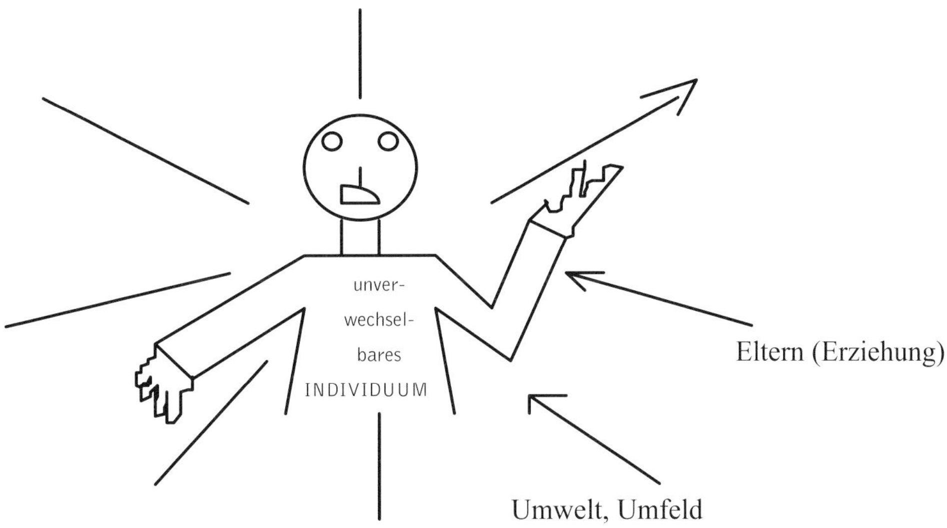

C.G. Jung: *Auf der Suche nach dem Selbst*

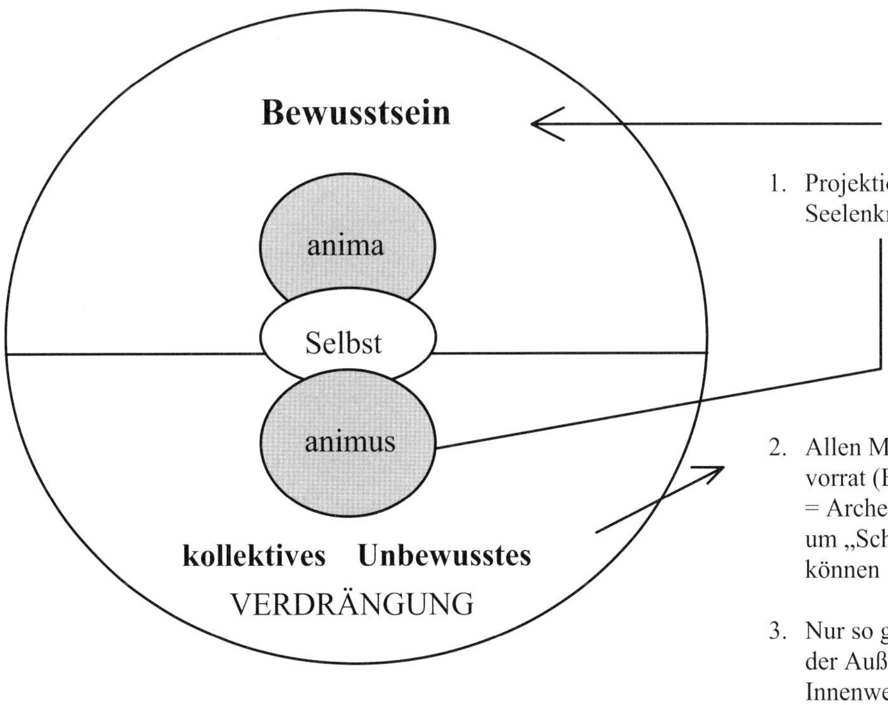

1. Projektion der gegengeschlechtlichen Seelenkräfte in das Unterbewusste
2. Allen Menschen gemeinsamer Bildervorrat (Erfahrungen, Erinnerungen) = Archetypen, die Mensch zulassen muss, um „Schatten" ins Bewusstsein holen zu können
3. Nur so gelangt Mensch nach Erkundung der Außenwelt zur Erschließung der Innenwelt und bewusst zu seinem Selbst.

Auf der Suche nach dem Selbst

Nach C.G. Jung ist es Bestimmung und Aufgabe des Menschen, auf seinem Lebensweg die jedem eingeprägte Gestalt seines Selbst zu realisieren: *Werde, der du bist!* Diesen lebenslangen Prozeß nennt Jung Individuation.

In der ersten Lebenshälfte braucht der Mensch fast seine gesamten Kräfte, um sich in der komplizierten Außenwelt zurechtzufinden, einen Beruf zu ergreifen usw. Eine einseitige Ausweitung des Bewußtseins hat jedoch ihren Preis: Unangenehmes, Dunkles, Störendes wird leicht unterdrückt oder ins Unterbewußte verdrängt. Jung nennt diesen dunklen Seelenanteil sehr anschaulich den Schatten. Er begleitet wie ein dunkler Bruder jedes Menschenleben. Eine Begegnung und Auseinandersetzung mit dem Schatten ist für jeden Menschen ebenso erschreckend wie notwendig, da ohne die Integration des dunklen Bruders, des "Bösen" in mir, die erste Stufe der Individuation nicht gelingen kann.

Auf seinem Lebensweg, der zugleich eine Seelenreise ist, begegnet der Mensch auch seinen unbewußten gegengeschlechtlichen Seelenkräften: Der Mann entdeckt seine unbewußten weiblichen Züge (Jung nennt sie *Anima*), die Frau ihre unbewußten männlichen Züge (*Animus*). Dies geschieht meist in Träumen und Phantasien, vor allem aber durch den ebenfalls unbewußten Vorgang der *Projektion.*

Ist schon die Begegnung mit dem Schatten, das Lehrlingsstück, schwer zu bestehen, so bedeutet die Rücknahme und Integration der Anima/Animus-Projektion in das Bewußtsein das Gesellenstück, eine noch schwierigere, aber gleichwohl schöne Aufgabe. Von ihrem Gelingen hängen Partnerschaft, die Reifung der Liebe, das Lebensglück des Menschen ab.

Im Unterschied zu seinem Lehrer *Freud* sah Jung jedoch im Unbewußten nicht nur ein Sammelsurium von persönlichen Verdrängungen. Vielmehr ließ ihn die Analyse von vielen Träumen sowie eine vergleichende Kulturbetrachtung zu dem Schluß gelangen, daß es in allen Menschen einen gemeinsamen Bildervorrat geben muß. Dies nannte er das *kollektive Unbewußte*. In ihm sind Menschheitserfahrungen und -erinnerungen gespeichert, die sogar noch das Andenken an ein vormenschliches Erbe bewahren können. Der Kontakt mit diesem kollektiven Unbewußten ist für jeden Menschen lebensnotwendig, weil sonst sein Ich/Selbst der intuitiven und heilenden Kräfte entbehren müßte. Solche Seelenkräfte (Archetypen) gestalten jeweils kulturabhängige Ausprägungen und Bilder, die doch wieder ähnliche Grundkonstellationen verdeutlichen. Beispiele: Das göttliche Kind, die Urschlange, die große Mutter, der Kriegsheld und Sieger, der König und Drachentöter, die alte Weisfrau, der alte Weise usw.

Läßt der Mensch die Bilder und Kräfte aus seinen tiefen Seelenschichten zu, integriert er seinen Schatten, dann findet er den Weg zu seinem Selbst durch die Integration des Archetypus des alten Weisen. [...] Nach der Erkundung des Außen in der ersten Lebenshälfte, gilt es in der zweiten Lebenshälfte das Innen zu entdecken und dem Bewußtsein schrittweise zu integrieren (Lebenssinn; Grund und Ziel des Lebens werden ständig hinterfragt).

C.G. Jung: animus, anima usw.

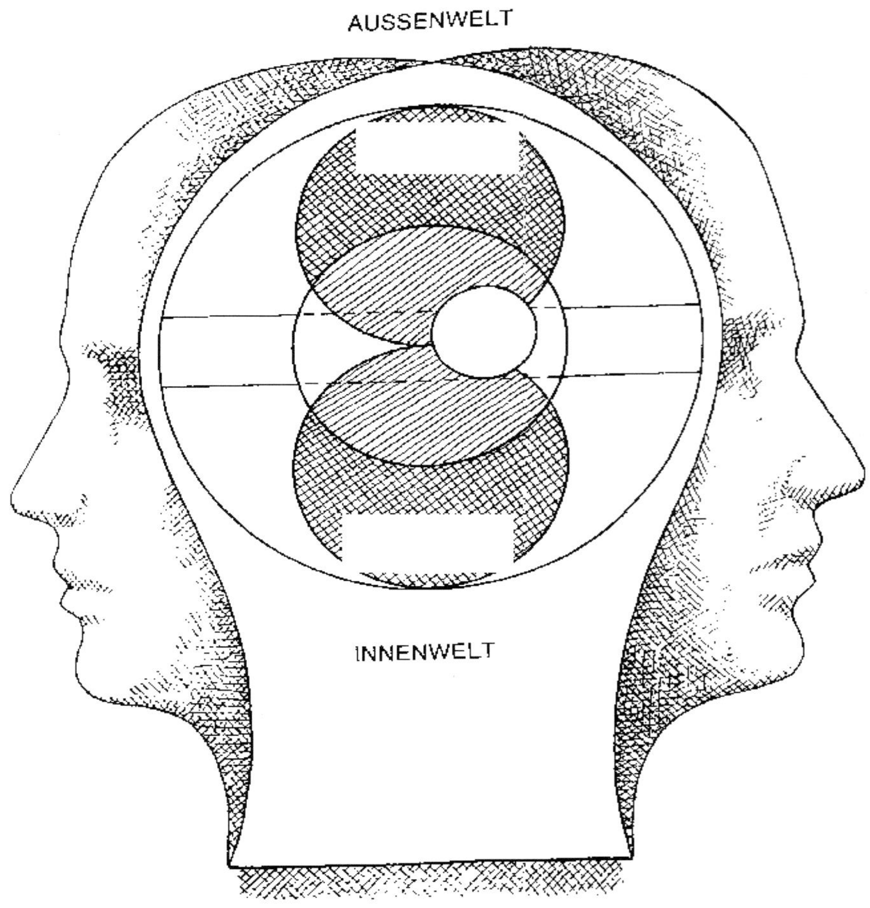

Sigmund Freud: Ich-Es-Überich

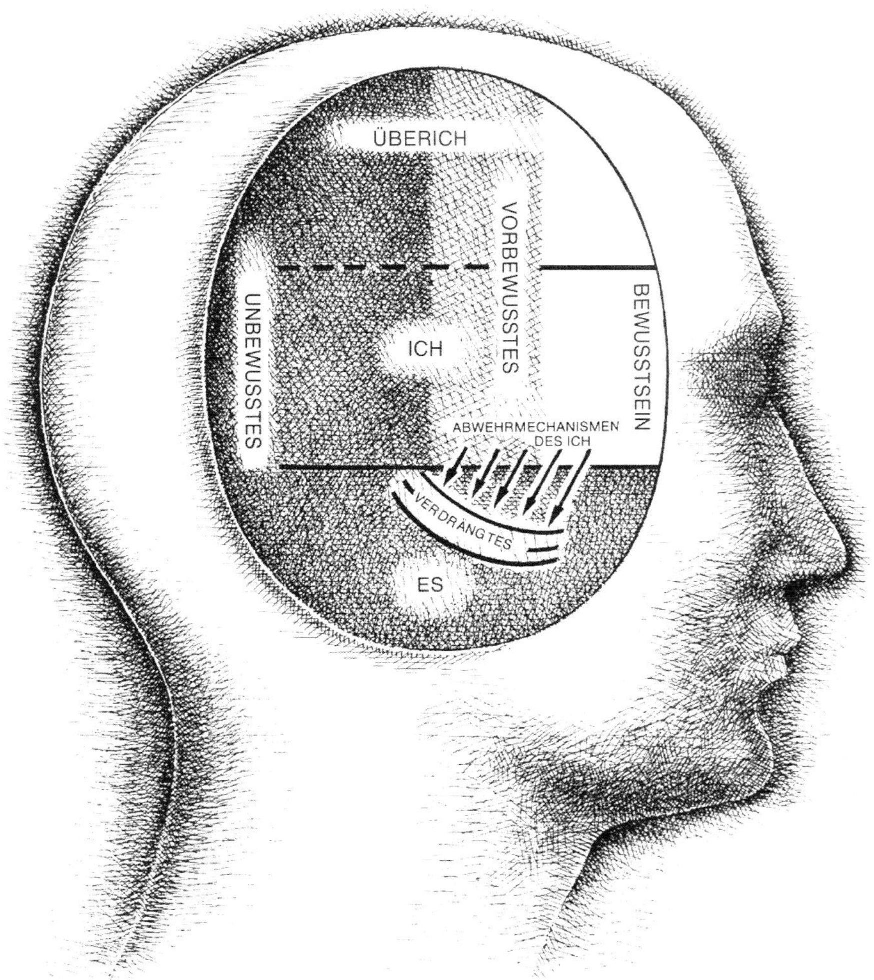

Arbeitsauftrag:

1. *Versuchen Sie anhand der Abbildung eine plausible Erläuterung des Menschen nach Freud zu finden!*
2. *Vergleichen Sie Freud und Jung miteinander! Wo finden Sie Unterschiede / Parallelen?*
   Kritisieren Sie! Ihre Meinung zählt!
3. *Ziehen Sie dabei ein Universallexikon zu Rate (Brockhaus, dtv, Meyers usw.)!*

Hier finden Sie Raum für Ihre Aufzeichnungen!

....

....

....

....

....

....

....

....

....

....

....

....

....

....

....

....

....

....

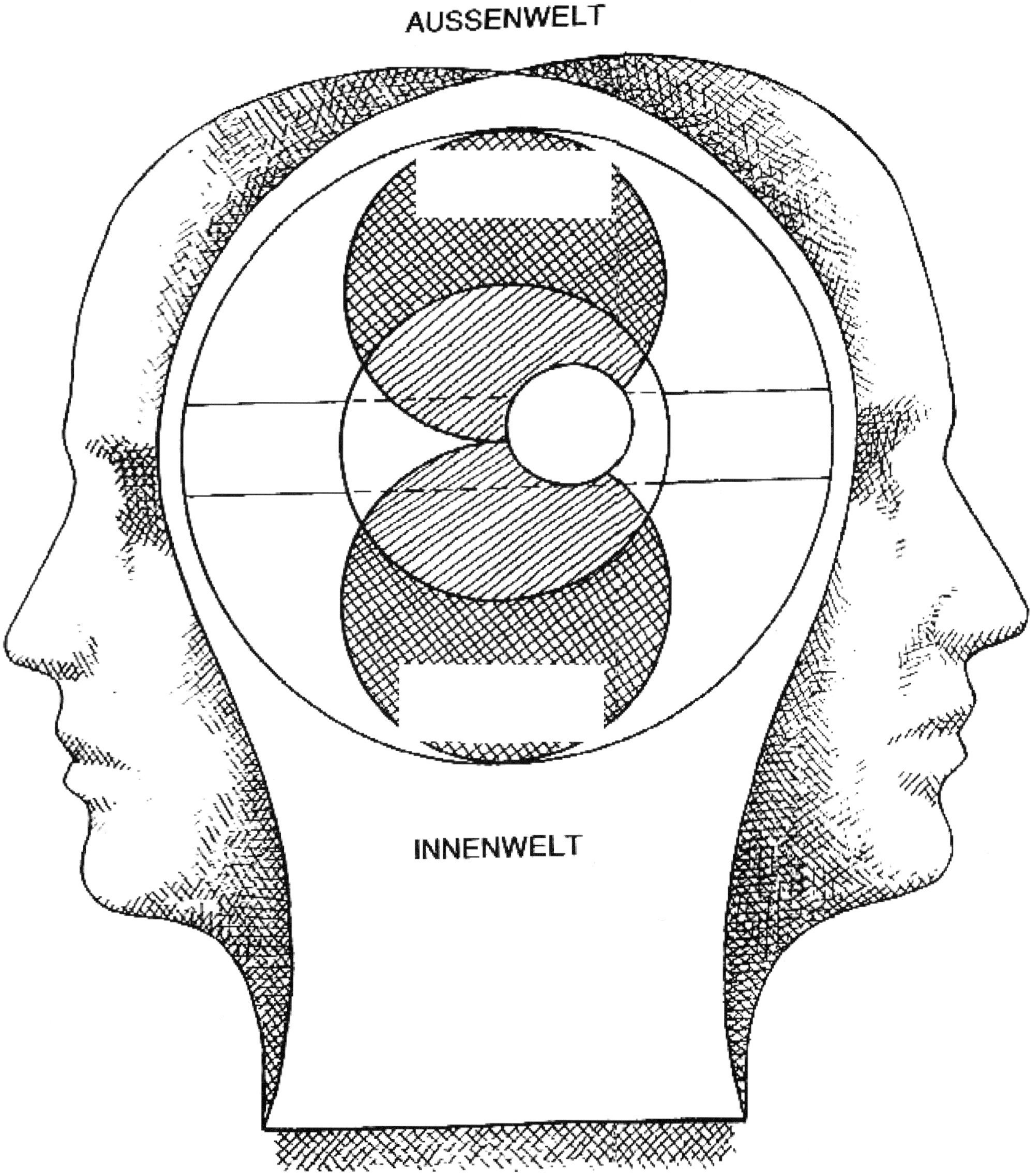

C.G. Jung

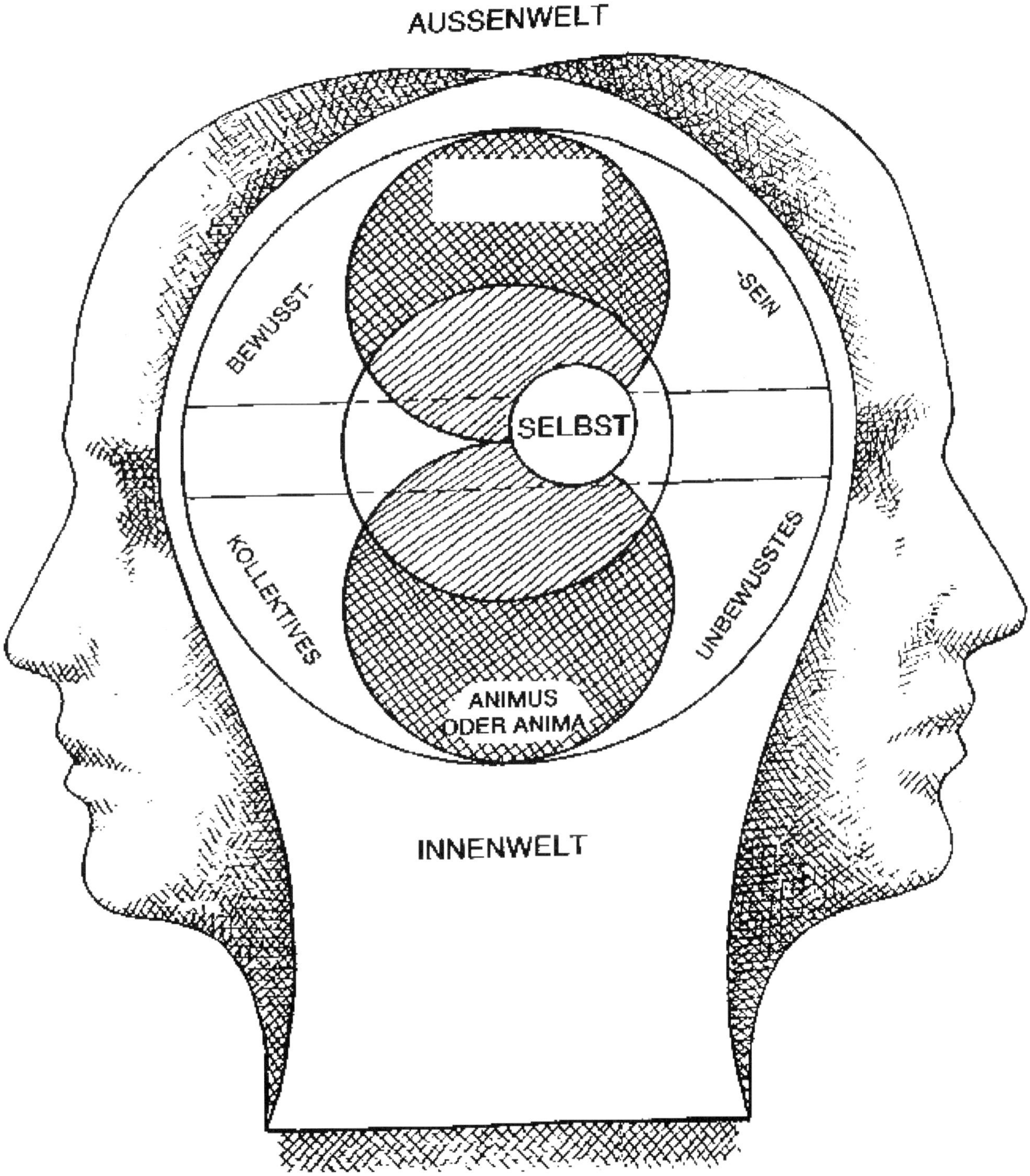
AUSSENWELT
BEWUSST-
-SEIN
SELBST
KOLLEKTIVES
UNBEWUSSTES
ANIMUS
ODER ANIMA
INNENWELT

STUNDE 5

Stundenverlauf:

- Die Stundeneröffnung erfolgt über ein Schüler(innen)referat. Als Grundlage dient ein Textauszug aus dem Roman *Sofies Welt* von **Jostein Gaarder**, der für die Klasse wiederum als Folie (**F6**) mit farbigen Unterstreichungen des Referenten/der Referentin dargeboten wird.
- Die individuellen Interpretationsansätze des/der Schüler/in werden in einem Unterrichtsgespräch anhand der folgenden Fragen erläutert:
  - ♦ *Wann denken Menschen über ihre Identität nach?*
  - ♦ *Wie werden Menschen ihrer Identität gewahr?*

  Damit erfolgt eine Hinführung zum Thema. Überschrift, Fragen und eine Tabelle mit der Aufteilung in Situationen und Fragestellungen werden an der Tafel fixiert. Nachfolgend sollen die Schüler(innen) eigenständig Aufzeichnungen über die Ergebnisse der einzelnen Phasen der Unterrichtsstunde machen. Als Alternative hierzu kann ein Tafelbild zusammen mit den Jugendlichen erarbeitet werden, welches dem angegebenen ähneln könnte, sich jedoch primär an Schüler(innen)äußerungen orientieren sollte.
- Eine Wiederholung findet wie gewohnt durch ein Ergebnisprotokoll der vorangegangenen Stunde statt, wobei unter Rückgriff auf die Schemata (vgl. **F4**/**F5**, **AB5** und erstmals **F7**) gleich eine Auswertung und Systematisierung der Hausaufgabe erfolgt. Die Lenkung des Gesprächs geht dabei stark von der Lehrer(innen)seite aus.
- Die Lehrkraft konfrontiert die Schüler(innen) anschließend mit den Fragen:
  - ♦ *War Ihnen gestern vielleicht langweilig?*
  - ♦ *Was tun Sie, wenn Ihnen langweilig ist?*
  - ♦ *Denken Sie dann über den Sinn des Lebens oder ähnliches nach?*

  Dies dient der Einstimmung auf den nachfolgenden Song *Langweilig* der Gruppe **Die Ärzte**, der auf **AB6** abgedruckt ist. Nach der Darbietung des Liedes kommt es rasch zu einer Bewertung der angeführten Situationen und Fragestellungen, welche mit Identität zu tun haben können. Als Steuerungshilfen fungieren die Arbeitsaufträge auf **AB6**. Dabei werden die Cartoons von **Gary Larson** berücksichtigt.
- Eine anders ausgestaltete Situation präsentiert der Textauszug aus dem Roman *Per Anhalter durch die Galaxie* von **Douglas Adams**. Hier wird die *Antwort auf das Leben, auf das Universum, auf alles* von einer zukünftigen Generation mit Hilfe eines Computers gesucht wird. Die Textpassage liegt den Schüler(inne)n als zweiseitiges Arbeitsblatt mit Diskussionsfragen vor (**AB7-A** und **AB7-B**). Interesse und Spannung werden dadurch geweckt, dass die ersten Abschnitte bis ✸ laut gelesen werden. Es folgt die Fragestellung: *Welche Situationen und Fragestellungen, die mit Identität zu tun haben können, kommen vor?* Den restlichen Text bearbeiten die Schüler(innen) in einer Still- und Einzelarbeit mit Hilfe der Aufträge α und β auf **AB7-B**. Die Ergebnisse erfahren in einem Unterrichtsgespräch rasch eine Auswertung und Systematisierung, wobei die Schüler(innen) zunächst ihre persönlichen Eindrücke und Reaktionen auf den Romanauszug äußern sollen.
- Die Hausaufgabe beschränkt sich auf die schriftliche Beantwortung der in der Stunde noch nicht ausdiskutierten Arbeitsaufträge, vor allem aber auf die Fragen unter γ.

Schematischer Überblick:

LERNSCHRITTE	LERNZIELE	MEDIEN UND UNTERRICHTSVERFAHREN
Einstieg: Schüler(innen)referat	* Darstellen und Verbalisieren subjektiver Interpretationsansätze anhand des Romanauszugs aus *Sofies Welt*	Folie mit Textauszug (F6) Lehrer(innen)vortrag (Einleitung) SV
Hinführung mit Themenstellung	* Reflexion über die Fragen: *Wann denken Menschen über ihre I. nach?* *Wie werden Menschen ihrer I. gewahr?* * Aufforderung zu selbständigen Aufzeichnungen während der Stunde	Folie mit Textauszug (F6) Unterrichtsgespräch Tafelanschrift LV
Rekapitulation/Wiederholung	* Ergebnisprotokoll der Vorstunde * Auswertung und Systematisierung der Hausaufgabe	Folie (F4/F5) SLG Arbeitsblatt (AB5) Folie (F7) LSG
Erarbeitung • Darbietung	* Aufmerksamkeit auf alltägl. Situationen und Fragestellungen richten, die für die Thematik wichtig sein können (Song *Langweilig*) * Erkennen und Bewertung weiterer Situationen und Fragestellungen unter Einbeziehung des einleitenden Schüler(innen)referats und Einbringen subjektiver Eindrücke	Kassette Arbeitsblatt (AB6) Arbeitsaufträge des ersten ☞ Unterrichtsgespräch Arbeitsblatt (AB6) Folie (F6) Arbeitsaufträge des zweiten ☞ Unterrichtsgespräch
• Vertiefung	* Vervollständigen des bereits Erkannten anhand des Textauszuges *Per Anhalter durch die Galaxie* * Auswertung und Systematisierung der Ergebnisse	Arbeitsblatt (AB7-A+B) Vorlesen durch Schüler/in (bis ✱) Still-/Einzelarbeit (Text komplett lesen und Arbeitsaufträge α und β beantworten) Unterrichtsgespräch
Ausblick mit Hausaufgabenstellung	* Aneignung und Erarbeitung von Denkmustern und Vorgehensstrategien (schriftliche Beantwortung der weiteren Arbeitsaufträge und der Frage an der Tafel)	LSG Arbeitsblatt (AB6) Häusl. Nachbereitung (AB7-B, insbesondere γ) Tafelanschrift (Frage)

Geplantes Tafelbild:

Auf der Suche nach Identität: Situationen und Fragestellungen

- Wann denken Menschen über ihre Identität nach?

– ...

– ...

– ...

- Wann/Wie werden Menschen ihrer Identität gewahr?

– ...

– ...

– ...

[Schüler(innen)äußerungen auf der Grundlage des Romanauszugs *Sofies Welt*]

SITUATIONEN,
in denen nach der eigenen Identität gesucht wird:

- Pubertät (Lebensabschnittswechsel)
- Extremsituationen (Gefahr, Leid, Tod)
- Langeweile
- Glücksmomente (Naturerlebnis, Freude)
- ...
- ...

[Schüler(innen)äußerungen]

FRAGESTELLUNGEN,
die (mit der Suche nach) Identität zu tun haben:

- Wer bin ich?
- Wo komme ich her? Wo gehe ich hin?
- Was ist ein Mensch?
- Woher kommt die Welt?
- ...
- ...

[Schüler(innen)äußerungen]

- Kann man existieren ohne nach Sinn und Ursprung aller Dinge und seiner selbst zu fragen?

Langweilig
Die Ärzte

Ich sitze auf meinem Stuhl
und ich schaue aus dem Fenster
und ich stell mir wieder mal die alten Fragen:
Wo komme ich her,
wo geh ich hin
und wieviel Zeit werd ich noch haben?
Ich denke nach über die Welt,
über das was wirklich zählt,
ich weiß genau, was mich so quält:
Ich bin genervt, ich bin frustriert,
weil hier einfach nichts passiert,
weil hier nie etwas passiert.
Und ich schau wieder auf die Uhr:
Du bist immer noch nicht da.
Keine Ahnung, wo du bleibst, es ist wahr:

Chorus:
Mir ist langweilig ... ohne dich.

Ich liege auf meinem Bett und starre an die Decke
und ich wünsche dir die Pest an den Hals:
Läßt mich hier sitzen, einfach so.
Aber vielleicht kommst du ja bald.
Kein Bock auf Fernsehn, das ist öde.
Will nicht kiffen, das macht blöde.
Kann nicht aufstehn, bin zu müde.
Ich hab schon viermal onaniert,
weil hier einfach nichts passiert,
weil hier nie etwas passiert.
Die rechte Hand tut mir jetzt weh,
du bist immer noch nicht da,
weiß der Teufel, wo du steckst, eins ist klar:

Chorus:
Mir ist langweilig ... ohne dich.

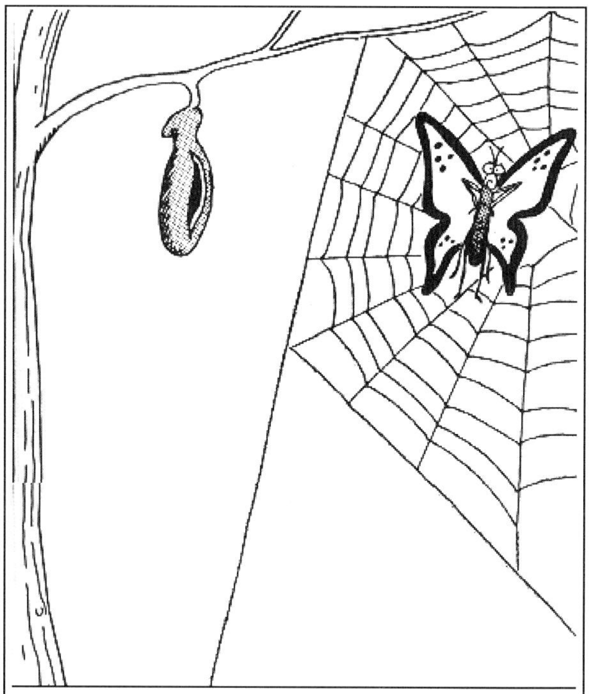

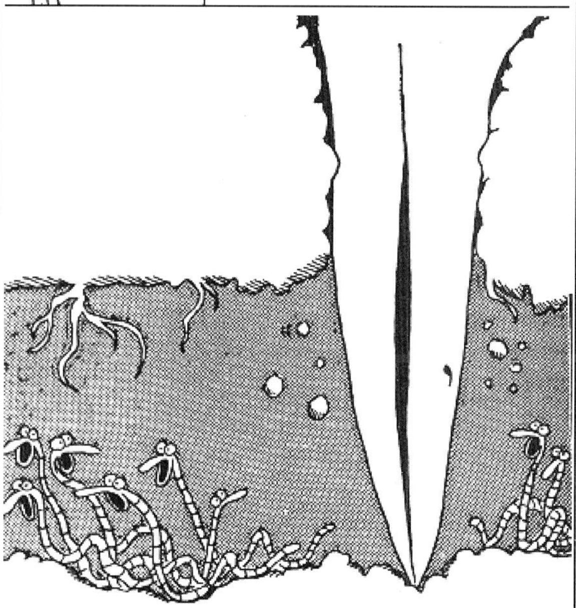

Die Nacht des Rotkehlchens

✎ *Arbeitsauftrag 1:*

Verbinden Sie die Fragen, welche der Sänger sich selbst stellt, mit der zugrunde liegenden Situation!
- *(a) Welche Fragen werden gestellt? Sind diese präzise genug formuliert? Passt die Situation zu den Fragen?*
- *(b) Stellen Sie sich selbst ähnliche Fragen? Wann? Welche?*

✎ *Arbeitsauftrag 2:*

Auch die abgebildeten Tiere dieser Karikaturen von Gary Larson stellen wohl ähnliche Fragen wie die Ärzte!
- *(a) Welche Fragen werden sie sich wohl stellen? Welche Situation liegt jeweils zugrunde?*
- *(b) Versuchen Sie selbst, weitere Situationen im Leben zu finden, in denen Ihrer Meinung nach Menschen sich selbst, die Welt und ähnliches hinterfragen!*

Per Anhalter durch die Galaxis
Douglas Adams

Es gibt selbstverständlich viele Probleme, die mit dem Leben zusammenhängen; von denen sind einige der bekanntesten: *Warum wird der Mensch geboren?*, *Warum stirbt er?* und *Warum verbringt er so viel Zeit dazwischen mit dem Tragen von Digitaluhren?* Einer Rasse hyperintelligenter, pandimensionaler Wesen (deren körperliches Äußeres in ihrem eigenen pandimensionalen Universum unserem nicht unähnlich ist) hing es vor vielen, vielen Millionen Jahren dermaßen zum Halse raus, sich ewig über den Sinn des Lebens rumzuzanken, [...] daß sie beschlossen, sich auf ihre vier Buchstaben zu setzen und alle ihre Probleme ein für allemal zu lösen.
Und zu diesem Zweck bauten sie sich einen kolossalen Supercomputer. [...] Er war so groß wie eine Kleinstadt.
[...] Am Tage des großen Anknipsens kamen zwei dezent gekleidete Programmierer mit Aktentaschen und wurden ohne großes Aufheben in das Büro geführt. Es war ihnen bewußt, daß sie an diesem Tage ihr ganzes Volk in seinem erhabensten Augenblick repräsentierten, aber sie gaben sich ruhig und gelassen, als sie ehrfurchtsvoll vor dem Schreibtisch Platz nahmen, ihre Aktentaschen öffneten und ihre in Leder gebundenen Notizbücher rausnahmen.
Ihre Namen waren Lunkwill und Fook.
[...] Das allerfeinste Summen, das man sich denken kann, zeigte an, daß der gewaltige Computer nun voll betriebsfähig war. Nach einer kurzen Pause sprach er sie mit seiner Stimme, die kräftig, volltönend und tief war, an.
Er sagte: „Wie heißt die große Aufgabe, für die ich, Deep Thought, der zweitgrößte Computer im Universum von Zeit und Raum, erschaffen worden bin?"
Lunkwill und Fook sahen sich verdutzt an.
„Deine Aufgabe, oh Computer ...", begann Fook.
„Nein, warte mal'n Moment, das ist nicht richtig", sagte Lunkwill beunruhigt.
[...] „Warum sagst du andauernd, du wärst der zweitgrößte? Du denkst doch wohl hoffentlich nicht an den Multicorticoiden Logikutronen Titan Müller? Oder den Denkermatic? Oder den ..."
[...] „Ich spreche von keinem anderen, als von dem Computer, der nach mir kommt!"
Fook verlor die Geduld. [...] „Das kriegt aber jetzt ganz unnötigerweise einen frommen *touch*."
„Ihr wißt nichts von der Zeit, die kommen wird", verkündete Deep Thought, „doch ich kann [...] sehen, daß eines Tages ein Computer kommen muß, dessen simpelste Funktionsparameter zu berechnen ich nicht würdig bin, aber den zu entwerfen letztlich meine Bestimmung ist."
Fook seufzte schwer und sah zu Lunkwill rüber.

„Können wir nicht endlich weitermachen und unsere Frage stellen? [...] Oh, Computer Deep Thought", sagte Fook, „die Aufgabe, die wir uns für dich ausgedacht haben, ist die: Wir möchten, daß du uns ...", er machte eine Pause, „... die Antwort sagst!
„Die Antwort?" fragte Deep Thought. „Die Antwort worauf?"
„Auf das Leben!" drängte Fook. „Auf das Universum!" sagte Lunkwill. „Auf alles!" sagten beide im Chor. Deep Thought dachte eine Weile schweigend nach. „Knifflig", sagte er schließlich.
„Aber du schaffst es doch?"
Wieder eine bedeutungsvolle Pause. „Ja", sagte Deep Thought, „das schaffe ich."
„Es gibt eine Antwort?" fragte Fook atemlos vor Aufregung.
[...] „Ja", sagte Deep Thought. „Auf das Leben, das Universum, auf alles. Da gibt es eine Antwort drauf. Aber ich muß darüber nachdenken. [...] es wird ein bißchen dauern, ehe ich mit dem Programm durch bin."
Fook guckte ungeduldig auf seine Uhr. „Wie lange etwa?" fragte er.
„Siebeneinhalb Millionen Jahre", sagte Deep Thought.
„Siebeneinhalb Millionen Jahre ... !" schrien sie im Chor.
„Ja", tönte Deep Thought, „ich sagte doch, ich muß darüber nachdenken, oder?" ✱
Zwei schlicht gekleidete Männer saßen ehrfurchtsvoll vor dem Terminal und warteten. [Ihre Namen waren Luunquoal und Phouchg.]
„Vor fünfundsiebzigtausend Generationen brachten unsere Ahnen dieses Programm ins Rollen [...] und nach dieser langen Zeit werden wir die ersten sein, die den Computer wieder sprechen hören." „Schsch!" sagte Luunquoal mit einer leichten Handbewegung, „ich glaube Deep Thought wird gleich sprechen."
„Guten Morgen", sagte Deep Thought endlich.
„Äh... Guten Morgen, oh Deep Thought", sagte Luunquoal ängstlich, „hast du ... äh, das heißt..."
„Eine Antwort für euch?" unterbrach ihn Deep Thought würdevoll. „Ja. Die habe ich."
[...] „Und du bist bereit, sie uns zu geben?" drängte Luunquoal.
„Das bin ich."
„Jetzt?"
„Jetzt", sagte Deep Thought. [...] „Allerdings glaube ich nicht, daß sie euch gefallen wird.
„Das macht doch nichts!" sagte Phouchg. „Wir müssen sie nur jetzt erfahren. Jetzt!"
[...] „Also schön", sagte der Computer und versank wieder in Schweigen. Die beiden Männer zappelten nervös hin und her. Die Spannung war unerträglich.

„Sie wird euch bestimmt nicht gefallen“, bemerkte Deep Thought.
„Sag sie uns trotzdem!“
„Na schön“, sagte Deep Thought. „Die Antwort auf die Große Frage ...“ „Ja ...!“
„... nach dem Leben, dem Universum und allem ...“, sagte Deep Thought. „Ja ...!“
„... lautet ...“, sagte Deep Thought und machte eine Pause. „ ... lautet ...“ [...]
„Zweiundvierzig«, sagte Deep Thought mit unsagbarer Erhabenheit und Ruhe. Es dauerte lange, lange, ehe wieder jemand sprach. [...] »Es war eine sauschwere Aufgabe«, sagte Deep Thought mit sanfter Stimme.
„Zweiundvierzig!“ kreischte Luunquoal los. „Ist das alles, nach siebeneinhalb Millionen Jahren Denkarbeit?“
„Ich habs sehr gründlich nachgeprüft“, sagte der Computer, „und das ist bestimmt die Antwort. Das Problem ist, glaube ich, wenn ich mal ganz ehrlich zu euch sein darf, daß ihr selber wohl nie richtig gewußt habt, wie die Frage lautet.“
„Aber es handelt sich um die Große Frage! Die letzte aller Fragen nach dem Leben, dem Universum und allem“, jammerte Luunquoal.
„Ja“, sagte Deep Thought in einem Ton, als ertrüge er es mit Freuden, mit solchen Idioten zu reden, „aber wie *lautet* sie denn nun?“
Ein dumpfes, verblüfftes Schweigen kroch über die Männer weg, als sie erst den Computer anstarrten und dann sich.
[...] „Wenn ihr erstmal genau wißt, wie die Frage wirklich lautet, dann werdet ihr auch wissen, was die Antwort bedeutet!“
„Oh Gott, grauenhaft“, murmelte Phouchg, pfefferte sein Notizbuch in die Gegend und wischte sich eine winzige Träne aus dem Auge.
„Also schön, okay, okay“, sagte Luunquoal, „kannst du uns dann bitte wenigstens die Frage *sagen*?“
[...] „Knifflig“, sagte Deep Thought. „Aber du kannst sie uns doch sagen?“ schrie Luunquoal.
Deep Thought dachte wiederum lange darüber nach. „Nein“. Die beiden Männer sanken verzweifelt auf ihre Stühle. „Aber ich werde euch sagen, wer das kann.“
„Wer? Sag es uns.“
„Ich rede von keinem anderen, als von dem Computer, der nach mir kommt“, verkündete Deep Thought, und seine Stimme nahm wieder ihren gewohnten Predigtton an. „Ein Computer, dessen simpelste Funktionsparameter zu berechnen ich nicht würdig bin – und doch werde ich ihn euch entwerfen. Ein Computer, der die Frage nach der Letzten aller Antworten berechnen kann, ein Computer von so unendlicher und unerhörter Kompliziertheit, daß das organische Leben selbst einen Teil seiner Arbeitsmatrix bildet. Und ihr selbst werdet neue Gestalt annehmen und in den Computer steigen und sein Zehn-Millionen-Jahre-Programm steuern! Ja! Ich werde euch diesen Computer entwerfen. Und ich werde ihn euch auch benennen. Und er soll heißen ... Die Erde.“
Phouchg glotzte Deep Thought an. „Ein saublöder Name“, sagte er.

Zur Diskussion gestellt:

α „Zweiundvierzig“: so lautet die Antwort des Computers *Deep Thought*.
- Wer hat hier etwas falsch gemacht?
- Kann solch ein Projekt überhaupt mit einem Ergebnis rechnen?
- Welche Probleme sehen *Sie*?

β *Douglas Adams* verzerrt in seinen Büchern die Realität.
- Welche Bedeutung könnte er der Erde beimessen wollen, indem er sie als gigantischen Computer ausweisen lässt?
- Wen oder was könnte *Adams* an dieser Stelle seines Buches karikieren wollen?

γ Soll/darf/muss es so ein Projekt (= Antwort auf das Universum, auf das Leben, auf alles) *Ihrer Meinung nach* überhaupt geben?
- Warum?
- Warum nicht?

Jostein Gaarder
Sofies Welt
Roman über die Geschichte der Philosophie

Sofie schaute in den Briefkasten, ehe sie das Gartentor öffnete. In der Regel gab es darin viel Reklamekram und einige große Briefumschläge für ihre Mutter. [...] Heute lag in dem großen grünen Briefkasten nur ein kleiner Brief – und der war für Sofie.
„Sofie Amundsen", stand auf dem kleinen Briefumschlag, „Kløvereien 3". Das war alles, kein Absender. Der Brief hatte nicht einmal eine Briefmarke.
Sowie Sofie das Tor hinter sich geschlossen hatte, öffnete sie den Briefumschlag. Darin fand sie einen ziemlich kleinen Zettel, nicht größer als der dazugehörende Umschlag. Auf dem Zettel stand:
Wer bist Du?
Mehr nicht. [...] Dann ließ sie sich mit dem geheimnisvollen Brief in der Hand auf einen Küchenhocker fallen. Wer bist Du?
Wenn sie das wüßte! Sie war natürlich Sofie Amundsen, aber wer war das? Das hatte sie noch nicht richtig herausgefunden. Wenn sie nun anders hieße? Anne Knutsen zum Beispiel. Wäre sie dann auch eine andere? [...] Manchmal fand sie ihr Aussehen so seltsam, daß sie sich fragte, ob sie vielleicht eine Mißgeburt sein konnte. Ihre Mutter hatte jedenfalls von einer schwierigen Geburt erzählt. Aber entschied wirklich die Geburt, wie jemand aussah? War es nicht ein bißchen komisch, daß sie nicht wußte, wer sie war? Und war es nicht eine Zumutung, daß sie nicht über ihr eigenes Aussehen bestimmen konnte? Das war ihr einfach in die Wiege gelegt worden. Ihre Freunde konnte sie vielleicht wählen, sich selber hatte sie aber nicht gewählt. Sie hatte sich nicht einmal dafür entschieden, ein Mensch zu sein.
Was war ein Mensch?
[...] Als Sofie eine Weile darüber nachgedacht hatte, daß sie existierte, mußte sie auch daran denken, daß sie nicht immer hiersein würde. [...] Man kann nicht erleben, daß man existiert, ohne auch zu erleben, daß man sterben muß, dachte sie. Und es ist genauso unmöglich, darüber nachzudenken, daß man sterben muß, ohne zugleich daran zu denken, wie phantastisch das Leben ist.
Sofie fiel ein, daß ihre Großmutter an dem Tag, an dem sie von ihrer Krankheit erfahren hatte, etwas Ähnliches gesagt hatte. »Erst jetzt begreife ich, wie reich das Leben ist.« [...] War es nicht traurig, daß die meisten Leute erst krank werden mußten, ehe sie einsahen, wie schön das Leben war? Zumindest mußten sie offenbar einen geheimnisvollen Brief im Briefkasten finden.
Vielleicht sollte sie nachsehen, ob noch mehr gekommen war? Sofie lief zum Tor und hob den grünen Deckel. Sie fuhr zusammen, als sie einen ganz identischen Briefumschlag entdeckte. [...] Auch auf diesem Umschlag stand ihr Name. Sie riß ihn auf und zog einen weißen Zettel heraus, der genauso aussah wie der erste.
Woher kommt die Welt? stand darauf.
Keine Ahnung, dachte Sofie. So was weiß ja wohl niemand! Und trotzdem - Sofie fand diese Frage berechtigt. Zum ersten Mal in ihrem Leben dachte sie, daß es fast unmöglich war, auf einer Welt zu leben, ohne wenigstens zu *fragen*, woher sie stammte.

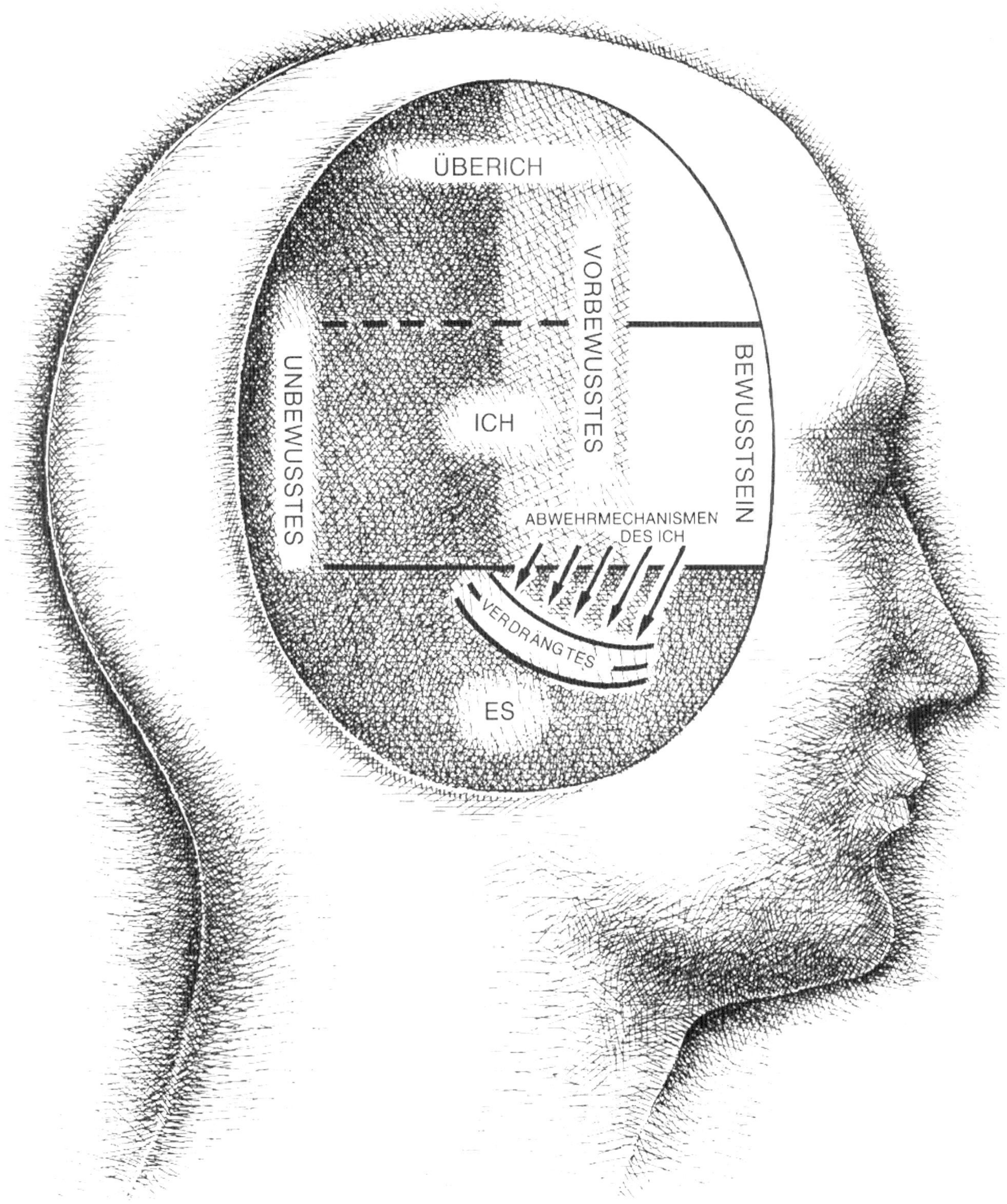

Sigmund Freud

STUNDE 6

Stundenverlauf:

- Die Unterrichtsstunde beginnt mit der Aufforderung, die auf der Folie **F8** abgebildeten Personen nacheinander zu benennen und zu vergleichen (Gemeinsamkeiten und Unterschiede).
- Sodann erfolgt eine Anknüpfung an die Stunde 5 durch die Bemerkung: *Diese Menschen stellen sich sicherlich auch in bestimmten Situationen existentielle Fragen.* Die Unterrichtseinheit wird in einem von der Lehrkraft gelenkten Gespräch unter Auswertung der Hausaufgabe (vgl. **AB7-A** und **AB7-B**) wiederholt.
- Nochmals wird auf die Personen zu Beginn der Stunde verwiesen: *Sind diese identisch?* und *Ich behaupte ja!* Die Frage sowie die provozierende Behauptung deuten bereits auf die Themenstellung hin, der ein anderes Verständnis des Wortes *Identität* zugrunde liegt: *Identität* als Gleichheit oder Übereinstimmung. Zwei willkürlich ausgewählte Jugendliche sollen nun von der Klasse miteinander verglichen werden, wobei die Lehrkraft sofort die scheinbar unsinnige Provokation vom Stundeneinstieg wiederholt: *Die beiden Herrschaften sind in allen wesentlichen Dingen identisch!* Proteste von Seiten der Klasse werden zunächst abgewiegelt, die Stundenthematik an der Tafel fixiert.
- Die gemeinsame Lektüre der Einleitung und des ersten Abschnitts auf **AB8** bringt erste Klarheit über den Inhalt dieser Unterrichtsstunde. Dabei gilt das Hauptaugenmerk einem Begriffsdilemma, welches bereits durch die provozierenden Äußerungen der Lehrkraft verbalisiert wurde. Nach einem Unterrichtsgespräch über die dem ersten Abschnitt angefügten Fragestellungen mit möglichst persönlichen Aussagen der Schüler(innen) erfolgt eine schriftliche Fixierung der Ergebnisse an der Tafel. Anschließend erwirbt die Klasse in Still- und Einzelarbeit Wissen über Grundlagen der Zwillingsforschung anhand der Lektüre des zweiten Textabschnitts.
- Das Tafelbild wird ergänzt und Erlerntes soll nun anhand eines authentischen Falles angewendet werden. Die Schüler(innen) lesen den dritten Textabschnitt und werten in Partnerarbeit den Arbeitsauftrag aus. Ein Unterrichtsgespräch bringt die verschiedenen Ergebnisse zusammen, wobei alle Äußerungen eine Wertschätzung erhalten sollten, sodass sich Schüler(innen) auch von den Aussagen anderer motivieren und ermutigen lassen.
- Mit dem Begriff *Problem* wird an der Tafel eine Dilemmasituation heraufbeschworen, die zu einem Hinterfragen des nun gemeinsam Erarbeiteten anregen soll. Sind demnach Menschen nur vorherbestimmt durch ihre Anlagen (determiniert) oder nur Spielball der Umwelt (variabel)? Fehlt nicht etwas, das mit Selbstbestimmung oder Souveränität bezeichnet werden kann? Fraglich bleibt, ob dieses Dilemma überhaupt zu lösen ist. Doch ist dies ein Anhaltspunkt für die Schüler(innen), dass sich die gesamte Unterrichtseinheit mit vielen nicht endgültig zu beantwortenden Fragestellungen beschäftigt, wobei stets genügend Raum für eine eigene, persönliche Werthaltung und Entscheidung gelassen wird.
- Die Arbeitsaufträge ? und werden zu Hause anhand schriftlicher Stichpunkte reflektiert.

Schematischer Überblick:

LERNSCHRITTE	LERNZIELE	MEDIEN UND UNTERRICHTSVERFAHREN
Konfrontation mit parteipolitischen Konstellationen	* Vergleichen von Personen anhand von Karikaturen (Gemeinsamkeiten und Unterschiede)	Folie (F8) Unterrichtsgespräch
Rekapitulation/Wiederholung	* Zusammenfassung der Vorstunde mit Überprüfung und Auswertung der Hausaufgabe	Arbeitsblatt (AB7-A+B) SLG
Hinführung mit Themenstellung	* Provokation durch die Behauptung: *Sind diese Personen identisch? Ich behaupte ja!* * Auseinandersetzen mit einer scheinbar unsinnigen Behauptung: Betrachten von zwei Schüler(inne)n der Klasse: *Diese sind in allen wesentlichen Dingen identisch!* * Erste Begegnung mit Fragestellung	LV Unterrichtsgespräch LV LSG Tafelanschrift
Erarbeitung	* Erkennen eines Begriffsdilemmas: *Identität nur von Genetik abhängig? Wo bleiben Umwelteinflüsse (z.B. Erziehung)?* * Kritisches Betrachten genetischer Aussagen für die subjektive Ansicht über Identität (Auswerten anhand der Fragen auf AB8) * Wissen erwerben über Mehrlinge (Zwillinge) und selbständiges Berichten hierüber	Arbeitsblatt (AB8) Vorlesen durch Schüler/in (❶) LSG Arbeitsblatt (AB8) Unterrichtsgespräch Tafelanschrift (linke Hälfte) Arbeitsblatt (AB8) Still-/Einzelarbeit (❷) SV Tafelanschrift (rechte Hälfte)
Anwendung	* Anwenden des Erlernten auf ein konkretes Beispiel mit Arbeitsaufträgen (Festigung)	Arbeitsblatt (AB8) Partnerarbeit (❸ mit Arbeitsauftrag 👓) Unterrichtsgespräch
Vertiefung u. Hausaufgabenstellung	* Hinterfragen des Erlernten anhand einer Dilemmasituation (vgl. *Problem*) * Vertiefung des Wissens durch weitere Fragestellungen hierzu	LV Tafelanschrift Arbeitsblatt (Arbeitsaufträge ? und 💣) Häuslicher Hefteintrag

Geplantes Tafelbild:

Zwei Menschen – eine Identität?

Jeder Mensch ein Original? Mehrlinge – bloße Kopien / Abziehbilder?

einzigartig / unverwechselbar

Genetische Gleichheit fast aller Menschen zueinander 99,9 %

mehrfach vorhanden (Zwillinge)

zweieiig (dizygot)

eineiig (monozygot)

Können 0,1 % genet. Unterschied unsere Einzigartigkeit erklären?

Übereinstimmung in Aussehen / Fähigkeiten

Genetische Unterschiede fehlen; ist letztlich alles durch den Umgang bestimmt?

Problem:

Sind wir nur durch Erbanlagen und die Prägung der Umwelt bestimmt?
(Selbstbestimmung/Souveränität?)

Zwei Menschen – eine Identität?

Jeder Mensch ist einzigartig und unverwechselbar, so jedenfalls sind sich alle Wissenschaften einig. Aber stimmt das denn überhaupt? Jeder/Jede von Ihnen hat mehr mit der in diesem Augenblick neben Ihnen sitzenden Person gemeinsam als Sie denken (und wahrhaben wollen).

❶ „Genetischer" Fingerabdruck – Unverwechselbarkeit des Menschen (?)

Genau wie Sie alle in diesem Raum so sind „Helmut Kohl und Rudolf Scharping zu 99,9 Prozent identisch – genetisch gesehen. Denn beide gehören der Spezies Mensch an und unterscheiden sich somit nur in einem einzigen von tausend Bausteinen innerhalb des Erbmoleküls DNA. Die Abweichung scheint marginal zu sein, ist aber gewaltig. Denn von den insgesamt drei Mrd. Basenpaaren, aus denen sich unser Genom zusammensetzt, können wir immerhin drei Millionen Erbgutstückchen für unsere Individualität beanspruchen. Von Gorillas, die uns zu 99 Prozent gleichen, trennen uns dagegen dreißig Millionen solcher Molekülschnipsel."

Sind Sie alle damit gegeneinander auswechselbar? Was macht denn überhaupt Ihre ureigene Identität noch aus? Nur dieser winzige genetische Unterschied? Kann dann überhaupt von Unverwechselbarkeit und Identität gesprochen werden?

❷ Zwillinge – ein Mensch und sein identisches Double (?)

So weit, so gut. Aber wie verhält sich die Sachlage bei Zwillingen. Nicht nur äußerlich fallen die meist in Europa von ihren Eltern gleich gekleideten Mehrlinge im Straßenbild auf. Angeblich sollen auch die Fähigkeiten und Fertigkeiten von Zwillingen jeweils genau gleich sein. Während dizygote (zweieiige) Zwillinge genauso miteinander verwandt sind wie andere Geschwister auch, haben monozygote (eineiige) Zwillinge zu 100 Prozent die gleichen Gene und sind immer gleichen Geschlechts. Die Natur hat hier praktisch geklont. Genau das macht sie für die Wissenschaft so interessant. Unterschiede zwischen solch einem Schwester- oder Brüderpaar, so sagt man, müssen nichtgenetischen Ursprungs sein – also von irgendeiner Einwirkung der Umwelt hervorgebracht worden sein. Dies sei aber nur aussagekräftig, wenn die beiden in verschiedenen Familien aufgewachsen sind.

❸ Mark Newman und Gerald Levey

Im September 1985 fuhr der Feuerwehrhauptmann Gerald Levey aus der Kleinstadt Tinton Falls in New Jersey zu einer Tagung im Kollegenkreis. Im Restaurant starrte einer der Kollegen immer so seltsam zu ihm herüber; schließlich sprach er ihn an. Levey müsse einen Doppelgänger haben, sagte er – jedenfalls gebe es in seiner hundert Kilometer entfernten Heimatstadt Parasmus einen anderen Feuerwehrmann, Mark Newman, der zwar ein wenig dicker sei, Levey aber sonst aufs Haar gleiche. Unter einem Vorwand brachte er Mark und Gerald eines Tages in der Feuerwehrwache in Tinton Falls zusammen. Zwei Doubles standen sich gegenüber. Lewey starrte den Fremden an und murmelte: »Das muß mein Bruder sein. Jetzt brauche ich ein Bier.«

Auch Newman starrte: »Er ist so groß wie ich. Er hat eine Nase wie ich. Er trägt die gleiche Brille wie ich. Er hat eine Glatze wie ich. Jetzt brauche ich ein Bier.«
Geboren 1954 in Manhattan, waren sie fünf Tage nach der Geburt getrennt worden und in der Folge bei Adoptivfamilien aufgewachsen. 31 Jahre hatten sie nichts voneinander gewußt.
Ihre Ähnlichkeit beschränkte sich nicht auf ihr Aussehen und ihre berufliche Stellung. Beide waren Junggesellen, beide hatten eine Schwäche für große, schlanke, langhaarige Frauen. Beide jagten und angelten, beide mochten sie Filme mit John Wayne und chinesische Restaurants.
Beide tranken gerne Dosenbier, und zwar der Marke »Budweiser«, krümmten dabei den kleinen Finger unter die Dose und zerquetschten sie, wenn sie leer war.

Arbeitsaufträge:

Handelt es sich bei Zwillingen um zwei einzigartige Menschen? (Unverwechselbarkeit? Identität?) Sind diese Beobachtungen Ihrer Meinung nach *in irgendeiner Art und Weise nützlich und aussagekräftig?*

? *Gleiche Kleidung, gleiche Schule, gleiche Förderung – machen Eltern von Zwillingen das erzieherisch richtig?*

Mathematischen Wahrscheinlichkeiten nach ist es durchaus möglich, dass es auf der Welt einen Menschen gibt, der einerseits Ihrem Aussehen nach, andererseits Ihrem Verhalten nach Ihr „Zwilling" sein könnte. Was halten Sie hiervon? Ändert das etwas an Ihrer *Einzigartigkeit?*

Zu neuen Ufern

STUNDE 7

Stundenverlauf:

- Dieses Mal steht die Wiederholung der vorangegangenen Stunde gleich am Unterrichtsbeginn, um den engen Zusammenhang der nachfolgenden Darbietung und Erarbeitung nicht zu durchbrechen. Denn die Gefahr besteht, dass die Überraschung oder sogar der Schock der Schüler(innen) über die Ergebnisse des **Milgram**-Experiments sonst ausbleiben könnten.
- Nach der Überprüfung und kurzen Auswertung der Hausaufgabe führt die Lehrkraft mit zwei Schüler(inne)n der Klasse ein kleines, rollenspielähnliches Experiment durch: Ein Schüler/eine Schülerin wird aufgefordert, einem/einer in die Situation eingeweihten Mitschüler/in eine Ohrfeige zu geben. (Anmerkung: Es ist davon auszugehen, dass befreundete Schüler(innen) – darauf ist bei der Auswahl zu achten – sich gegenseitig auf Veranlassung durch die Lehrkraft kaum Schmerz zufügen werden. Die eingeweihte Person wird aber aufgefordert – für den Fall der Fälle – den Schlag abzuwehren.) In einem anschließenden Gespräch über den Ausgang dieses Befehl-Gehorsam-Experiments werden die Schüler(innen) darauf aufmerksam, dass die Einschätzung einer Situation und die tatsächliche Reaktion stark differieren können. Das Thema wird nun an die Tafel geschrieben.
- Die Aufnahme von Informationen über das **Milgram**-Experiment findet in einer Still- und Einzelarbeit unter Verwendung der Västeras-Methode anhand des Textes auf **AB9** statt. Indem die Schüler(innen) jeweils ihrem Banknachbarn/Ihrer Banknachbarin die gelesenen Sachverhalte in eigenen Worten erläutern, kommt es zu einer Verinnerlichung des Experiments.
- Ein klärendes Unterrichtsgespräch mit erläuterndem Tafelbild – der Versuchsaufbau wird nur schematisch angezeichnet – trägt zur Verdeutlichung bei. Anschließend beurteilen die Schüler(innen) das Experiment aufgrund ihrer eigenen Erlebnisse und Lebenserfahrungen und tragen ihre Schätzungen selbstständig auf **AB9** ein. Diese werden dann mit Hilfe des Schemas auf Folie (**F9**) den tatsächlichen Ergebnissen gegenübergestellt (**L1**). Die Resultate werden in einem Unterrichtsgespräch anhand des Arbeitsauftrags 👓 auf **AB9** ausgewertet und in einer Tafelanschrift systematisiert.
- Die Arbeitsaufträge 📖 und ☝ auf **AB9** dienen als Orientierungshilfen für ein vertiefendes Unterrichtsgespräch, in dem aber auch das bereits Erlernte angewendet und auf reale Lebenssituationen übertragen wird. Dabei werden die Äußerungen der Schüler(innen) durch die beiden auf **F9** angegebenen Beispiele für Befehl und Gehorsam sowie Selbsteinschätzung und Schuld auf geschichtlich greifbare Ereignisse hin kanalisiert.
- Die zum Schluss der Stunde als abschließende Provokation gedachten und für alle sichtbar an die Tafel geschriebenen Fragen regen die Jugendlichen an, über sich selbst und ihre eigene Einschätzung nachzudenken. Dabei wird bewusst auf eine Systematisierung und Auswertung verzichtet. Die Fragen sind so formuliert, dass sie eine individuell emotional gefärbte Beantwortung zulassen, ja sogar provozieren können. Somit ist eine affektive Abrundung von zunächst rein empirisch kognitiven Sachverhalten möglich und von den Schüler(inne)n in eigener Entscheidung durchführbar.

Schematischer Überblick:

LERNSCHRITTE	LERNZIELE	MEDIEN UND UNTER-RICHTSVERFAHREN
Rekapitulation/Wiederholung	* Ergebnisprotokoll der vorangegangenen Stunde * Auswertung und Überprüfung der Hausaufgabe	Folie (F8) SLG SV Unterrichtsgespräch
Hinführung: Schauspielerischer Impuls	* Überdenken eigener, meist unbewusster Handlungsmuster anhand eines Befehl-Gehorsam-Tests (ein eingeweihter Schüler, ein(e) nichts ahnende(r) Schüler/in) * Aufmerksam werden auf komplexe Situationen, die alle stets betreffen und Themaangabe	LV Rollenspiel LSG Tafelanschrift
Erarbeitung * Darbietung	* Aufnahme von Informationen über das Milgram-Experiment (**!** für Wichtiges, **?** für Unverstandenes an den Rand) * Festigen kognitiver Strukturen durch die Wiedergabe des Gelesenen in eigenen Worten gegenüber Partner/in * Auswertung des Gelesenen und Klären offener Fragen	LV Arbeitsblatt (AB9) Still-/Einzelarbeit Arbeitsblatt (AB9) Partnerarbeit Unterrichtsgespräch Tafelanschrift
* Verarbeitung	* Beurteilen und Einschätzen einer Sachlage aufgrund von Vorgaben (Prozentzahlen) * Überprüfung und Auseinandersetzung eigener Einschätzungen	Arbeitsblatt (AB9 – Schema / Eintrag) Still-/Einzelarbeit Folie (F9) und Lehrkraftinfo (L1) Arbeitsblatt (AB9 – Schema / Eintrag) LSG Tafelanschrift
* Vertiefung	* Verbalisieren eigener Werturteile und Versuch eines Transfers	Arbeitsblatt (AB9 – Arbeitsauftrag) Unterrichtsgespräch
Anwendung	* Übertragung des Erfahrenen auf Fälle aus dem gesellschaftlichen Zusammenleben [Mauerschützenprozesse; Selbstaussagen von *Rudolf Höß*, Kommandant von Auschwitz]	Arbeitsblatt (AB9 - Fragen) Folie (F9 - Text und Karikatur) Unterrichtsgespräch Tafelanschrift („Fragen“; begleitend)
Abrundung: Visuell-verbale Impulse	* Anstöße für eigene Wertentscheidungen und affektiv-subjektive Verinnerlichung	Tafelanschrift („Fragen“, in Still-/ und Einzelarbeit zu beantworten)

Geplantes Tafelbild:

„Erkenne dich selbst“ – das Milgram-Experiment

Versuchsaufbau:

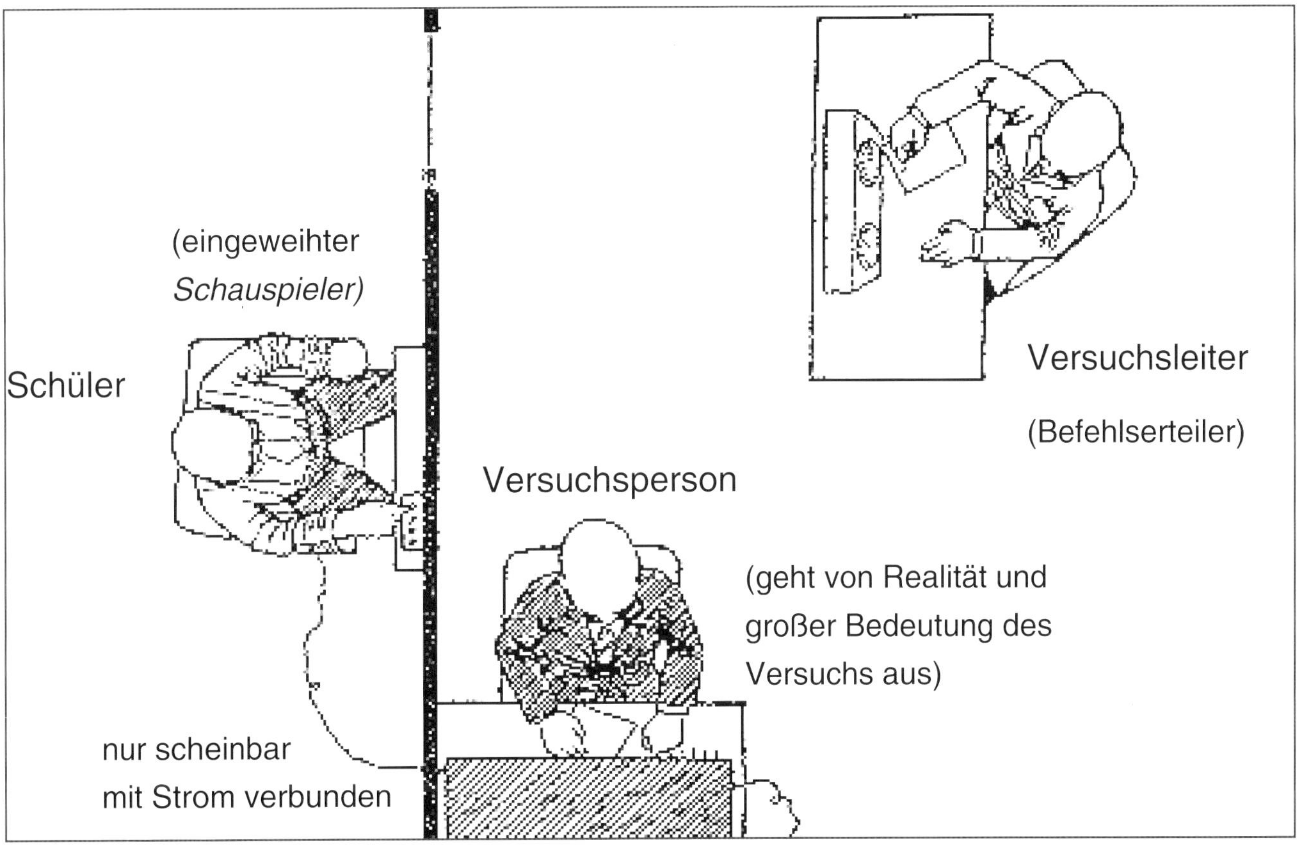

Frage:

Wie verhalten sich Menschen gegenüber Autoritäten?

Ergebnis:

Viele gehorchten bedingungslos!

Fragen:

Sind wir also nur abhängige Befehlsempfänger ohne Handlungssouveränität?

Weshalb weicht unsere Selbsteinschätzung von der Wirklichkeit ab?

Wissen wir nicht, wer und wie wir sind?

„Erkenne dich selbst“ – das Milgram-Experiment

Klar kennen Sie sich selbst. Sie wissen, wer Sie sind. Sie sind doch nicht „blöd“. Okay, okay. Und doch gibt es auch Ihnen unbekannte Seiten an Ihrer Person, Seiten, die Sie möglicherweise ungenügend oder falsch einsetzen. Jedenfalls wird dies im Bereich der Verhaltensforschung behauptet. Das glauben Sie nicht? Nun, schauen wir mal, ob Sie mit dem Folgenden etwas anfangen können!

Stanley Milgram, Sozialpsychologe (1933-1984), führte das nachstehende Experiment sowie Varianten dessen durch:
Durch Zeitungsinserate wurden 1000 Personen angeworben. Ihnen wurde das Angebot unterbreitet, an einer wissenschaftlichen Untersuchung teilzunehmen. „Im Labor wurden sie informiert, daß die Untersuchung mit den Auswirkungen von Strafe auf Lern- und Gedächtnisleistungen befaßt sei. Angeblich durch Losentscheid dazu bestimmt, hatten die Versuchsteilnehmer die Rolle des »Lehrers« zu übernehmen. Sie mußten einen anderen Versuchsteilnehmer in der Rolle des »Schülers« [...] bei jedem Fehler, den dieser bei einer Lernaufgabe machte, mittels elektrischer Schläge zunehmender Stärke (von 15 bis 450-Volt-Schritten ansteigend) bestrafen. Hierzu stand ein sogenannter Schockgenerator mit 15 Kippschaltern zur Verfügung.
Die durch die Kippschalter auslösbaren elektrischen Schläge waren sowohl mit der Voltzahl als auch durch zusätzliche Schildchen gekennzeichnet (z.B. »kräftiger Schock«; »Gefahr: bedrohlicher Schock«). Der Versuchsleiter betonte den Teilnehmern gegenüber, daß die elektrischen Schläge, obwohl sie extrem schmerzhaft sein könnten, keine bleibenden Schäden hinterlassen würden. Zur Demonstration erhielt der »Lehrer« vor Versuchsbeginn einen Schlag von 45 Volt, um sich eine bessere Vorstellung von der Schmerzhaftigkeit machen zu können. [...] Wenn ein Versuchsteilnehmer im Laufe des Versuchs zögerte, mit der Bestrafung fortzufahren, forderte ihn der Versuchsleiter mit standardisierten Sätzen (z.B. »Bitte, fahren Sie fort« oder »Es ist absolut wichtig, daß sie weitermachen«) dazu auf.
Milgrams hauptsächliches Interesse galt der Frage, bis zu welcher Schlagstärke die Versuchsteilnehmer den Anordnungen des Versuchsleiters gehorchen, bevor sie den Versuch abbrechen. Im Standardexperiment befanden sich »Lehrer« und »Schüler« in verschiedenen Räumen, doch konnte der »Lehrer« die [...] Schmerzreaktionen des »Schülers« hören: Ab 75 Volt äußerte dieser, Schmerzen zu verspüren; bei 150 Volt bat er erstmals eindringlich, aus dem Experiment entlassen zu werden; ab 270 Volt schrie er bei jedem Schlag qualvoll auf; ab 330 Volt war keinerlei Reaktion mehr zu hören.“ – Jetzt sind Sie dran. Beantworten Sie die angeführten Fragen spontan!

DAS EXPERIMENT IN ZAHLEN:	IHRE EINSCHÄTZUNG	DAS VERSUCHS-ERGEBNIS
❶ Welcher Prozentsatz der Versuchsteilnehmer gehorchte den Anordnungen des Leiters bis zum Ende (450 Volt)?	%	%
Schätzen Sie die von allen Versuchsteilnehmern im Durchschnitt vergebene maximale Schlagstärke!	Volt	Volt
Ab welcher Schlagstärke weigerte sich der erste Versuchsteilnehmer und brach den Versuch ab?	Volt	Volt
☺ Wie würden Sie agieren? ☠ Zu welchem Zeitpunkt würden Sie das Experiment abbrechen? Wovon machen Sie dies abhängig (Stromstärke, Schreie,...)?		
❷ Bei einem weiteren Versuchsdurchlauf mit anderen Teilnehmern befanden sich »Lehrer« und »Schüler« im gleichen Raum. Wieviel Prozent waren hier völlig gehorsam (bis 450 Volt)?	% ∅ Volt	% ∅ Volt
❸ In einem weiteren Durchlauf wurden die Kippschalter von einer anderen Person auf Anordnung des »Lehrers« betätigt. Schätzen Sie den Prozentsatz jener, die völlig gehorsam waren und die durchschnittlich maximale Schlagstärke vergaben!	% ∅ Volt	% ∅ Volt
❹ Schließlich konnten die Versuchsteilnehmer die Schlagstärke frei wählen. Wieviel Personen vergaben die maximale Stromstärke? Schätzen Sie die durchschnittlich maximal vergebene Stromstärke!	% ∅ Volt	% ∅ Volt

Arbeitsauftrag

Führen Sie selbst eine Auswertung der Versuchsergebnisse Milgrams durch!
Welche Forderungen für unser gesellschaftliches Zusammenleben lassen sich stellen?

Kennen Sie Beispiele aus Geschichte und/oder Gegenwart, welche sich mit dem Experiment in Verbindung bringen lassen?

Identität – schön und gut! Aber was bringt uns das, wenn sich Menschen so wenig selbst einschätzen können?

DAS EXPERIMENT IN ZAHLEN:	IHRE EINSCHÄTZUNG	DAS VERSUCHS-ERGEBNIS
❶ Welcher Prozentsatz der Versuchsteilnehmer gehorchte den Anordnungen des Leiters bis zum Ende (450 Volt)?	%	%
Schätzen Sie die von allen Versuchsteilnehmern im Durchschnitt vergebene maximale Schlagstärke!	Volt	Volt
Ab welcher Schlagstärke weigerte sich der erste Versuchsteilnehmer und brach den Versuch ab?	Volt	Volt
☺ Wie würden Sie agieren? ☠ Zu welchem Zeitpunkt würden Sie das Experiment abbrechen? Wovon machen Sie dies abhängig (Stromstärke, Schreie,...)?		
❷ Bei einem weiteren Versuchsdurchlauf mit anderen Teilnehmern befanden sich »Lehrer« und »Schüler« im gleichen Raum. Wieviel Prozent waren hier völlig gehorsam (bis 450 Volt)?	% ∅ Volt	% ∅ Volt
❸ In einem weiteren Durchlauf wurden die Kippschalter von einer anderen Person auf Anordnung des »Lehrers« betätigt. Schätzen Sie den Prozentsatz jener, die völlig gehorsam waren und die durchschnittlich maximale Schlagstärke vergaben!	% ∅ Volt	% ∅ Volt
❹ Schließlich konnten die Versuchsteilnehmer die Schlagstärke frei wählen. Wieviel Personen vergaben die maximale Stromstärke? Schätzen Sie die durchschnittlich maximal vergebene Stromstärke!	% ∅ Volt	% ∅ Volt

„Mir wird immer vorgehalten, warum ich nicht den Vernichtungsbefehl abgelehnt hätte, diesen grauenhaften Mord an Frauen und Kindern. Ich habe aber schon in Nürnberg geantwortet: Was würde mit dem Geschwaderkommodore geschehen sein, der sich geweigert hätte, einen Angriff auf eine Stadt zu fliegen, von der er genau wußte, daß es dort keine Rüstung, kein wehrwichtiges Unternehmen, keine militärischen Anlagen von Bedeutung gab? Wo er genau wußte, daß seine Bomben hauptsächlich nur Frauen und Kinder töten würden? Er wäre doch sicher vor ein Kriegsgericht gekommen. Doch das wollte man nicht gelten lassen als Vergleich. Ich bin aber der Ansicht, daß beide Situationen vergleichbar sind. Ich war genauso Soldat, Offizier wie jener.“

Rudolf Höß (Kommandant in Auschwitz)

Noch Fragen?

DAS EXPERIMENT IN ZAHLEN:	IHRE EINSCHÄTZUNG	DAS VERSUCHS-ERGEBNIS
❶ Welcher Prozentsatz der Versuchsteilnehmer gehorchte den Anordnungen des Leiters bis zum Ende (450 Volt)?	%	**62,7** %
Schätzen Sie die von allen Versuchsteilnehmern im Durchschnitt vergebene maximale Schlagstärke!	Volt	**367,5** Volt
Ab welcher Schlagstärke weigerte sich der erste Versuchsteilnehmer und brach den Versuch ab?	Volt	**300** Volt
☺ Wie würden Sie agieren? ☠ Zu welchem Zeitpunkt würden Sie das Experiment abbrechen? Wovon machen Sie dies abhängig (Stromstärke, Schreie...)?		
❷ Bei einem weiteren Versuchsdurchlauf mit anderen Teilnehmern befanden sich »Lehrer« und »Schüler« im gleichen Raum. Wieviel Prozent waren hier völlig gehorsam (bis 450 Volt)?	% ∅ Volt)	**30** % ∅ **268** Volt
❸ In einem weiteren Durchlauf wurden die Kippschalter von einer anderen Person auf Anordnung des »Lehrers« betätigt. Schätzen Sie den Prozentsatz jener, die völlig gehorsam waren und die durchschnittlich maximale Schlagstärke vergaben!	% ∅ Volt	**92,5** % ∅ **430** Volt
❹ Schließlich konnten die Versuchsteilnehmer die Schlagstärke frei wählen. Wieviel Personen vergaben die maximale Stromstärke? Schätzen Sie die durchschnittlich maximal vergebene Stromstärke!	% ∅ Volt	**2,5** % ∅ **82,5** Volt

Teilnehmer alle männlich

Zusatzinformationen und Diskussionsanregungen

Was die Versuchsteilnehmer nicht wussten:

- Es handelte sich um einen fingierten Versuchsaufbau, denn Strom war keiner angeschlossen und konnte somit auch nicht als Bestrafungsinstanz Verwendung finden.
- Im Nebenraum saß kein »Schüler« bzw. die Reaktionen (Schmerz auf die »Stromschläge«) des beim zweiten Versuchsdurchlauf anwesenden »Schülers« wurden über Kassette eingespielt.

Die Überraschung „danach" war groß:

Die meisten Versuchsteilnehmer, die ihre »Schüler« beinahe getötet hätten, wollten ihre eigene Handlungsweise nicht wahrhaben. Aufzeichnungen bewirkten bei ihnen Enttäuschung und Bestürzung über sich selbst.

STUNDE 8

Stundenverlauf:

- Die Stunde beginnt mit einem zeichnerischen Eingangsimpuls – ein stilisiertes Wikingerboot –, was zum Thema hinleitet. In das folgende Unterrichtsgespräch bringen die Schüler(innen) ihr Vorwissen über Normannen und Wikinger ein. Dabei wird die Unterhaltung auf den Gesichtspunkt gelenkt, dass Wikinger und Normannen als *furchtlose raue Gesellen* gelten.
- Auf der Basis dieser Aussage wird die Wiederholung – ein Verlaufsprotokoll der vorangegangenen Stunde – eingeleitet. Die Lehrkraft konstatiert, dass auch in der letzten Stunde die Aspekte *Gewalt* und *raues Verhalten* thematisiert wurden.
- Eine eher lustig artikulierte Konfrontation mit dem Thema *Angst* bietet ein Auszug aus dem Comic *Asterix und die Normannen* (Delta Verlag GmbH, Stuttgart). Nach einem klärenden Unterrichtsgespräch wird das Thema „Angst – Grundformen menschlichen Lebens" an der Tafel fixiert.
- Die Tafelanschrift erfährt sofort eine Fortführung durch die beiden Fragestellungen:
  - ♦ *Wann/Wovor habe ich persönlich Angst?*
  - ♦ *Wann/wovor kann man Angst haben?*

  Diese sollen in einer kurzen *Brainstorming*-Phase von den Schüler(inne)n still schriftlich beantwortet werden. Auf eine Sammlung und Auswertung wird verzichtet, wobei bei Bedarf aber durchaus die Möglichkeit eingeräumt wird, sich zu äußern.
- Eine ganze Reihe von Ängsten zählt **Herbert Grönemeyer** in seinem Song *Angst* (**AB10**) auf. Der Präsentation schließt sich die genauere Betrachtung des Textes anhand der auf dem Arbeitsblatt gestellten Fragen an. Dabei werden die Schüler(innen) zu einer Auseinandersetzung mit einer fremden Ansicht und einer Überprüfung des eigenen Standpunkts angeregt. Dabei ist das Kunstwerk *Der Schrei* von **Edvard Munch** bewusst auf dem **AB10** dargeboten, um so Assoziationen bei den Schüler(inne)n zu wecken und eine intensive und persönliche Auseinandersetzung zu ermöglichen. Ein anschließendes Unterrichtsgespräch systematisiert die persönlichen Ansichten der Jugendlichen, reflektiert Entstehungsbedingungen für Angst und bringt erste Einschätzungen über mögliche Funktionen von Angst für die Menschen. All dies findet in der Tafelanschrift Niederschlag, die begleitend erstellt wird.
- Anhand eines Schüler(innen)referats mit begleitendem Tafel- oder Folienbild über das Einleitungskapitel des Buches *Grundformen der Angst* von **Fritz Riemann** (F. RIEMANN, Grundformen der Angst. 35. Auflage. München/Basel: Ernst Reinhardt Verlag 2003. S. 7–20.) setzen sich die Jugendlichen kritisch mit einem fachwissenschaftlichen Ansatz auseinander und beurteilen – ausgehend von ihrer eigenen Erlebniswelt – die Relevanz dessen für ihre eigene Identität. Dabei sollen alle eigenständige Notizen führen und Fragen aufzeichnen. Das Referat wird dann gemeinsam ausgewertet und in einem Tafelbild systematisiert. Beispiele aus der Lebensrealität der Schüler(innen) erfüllen die abstrakten Ergebnisse anschließend mit Leben, damit eine kritische Auseinandersetzung mit den Thesen Riemanns fruchtbar werden kann. Dazu ist ein offenes Unterrichtsgespräch zu führen, das je nach Gesprächsbereitschaft der Jugendlichen mehr oder weniger von der Lehrkraft gelenkt wird.
- Eine affektive Abrundung erfährt die Stunde durch die Betrachtung des bereits auf **AB10** vorliegenden Kunstwerks *Der Schrei* von **Edvard Munch** als Farbfolie.

Einleitende Kurzinformationen über Stilrichtung, Künstler und Kunstwerk erfahren eine intensive Ergänzung durch subjektive Einschätzungen der Schüler(innen) über ihre Empfindungen bezüglich Farben, Formen und Gefühlsausdruck des Bildes.

- Eine abschließende Phase der Stille dient als Chance, sich individuell mit der persönlichen Wertschätzung des Bildes, der eigenen emotionalen Berührtheit und der potentiellen Verbindung des Kunstwerks mit den wissenschaftlichen Thesen Riemanns auseinanderzusetzen.

Schematischer Überblick:

LERNSCHRITTE	LERNZIELE	MEDIEN UND UNTERRICHTSVERFAHREN
Einstieg: Zeichnerischer Impuls	* Benennen von Vorwissen über Wikinger bzw. Normannen zu schematisch angezeichnetem Wikingerboot	Tafelzeichnung LSG
Rekapitulation/Wiederholung	* Verlaufsprotokoll der Vorstunde	SV / SLG
Hinführung und Themenstellung	* Verbalisieren eines oberflächlich lustigen Comics in angemessener Sprache mit den Leitfragen: *Welches Wissen fehlt den mächtigen Normannen? Wofür ist Angst denn gut?* * Erste Begegnung mit Fragestellung	Still-/Einzelarbeit Unterrichtsgespräch Tafelanschrift
Erarbeitung * Vorbereitung * Anbahnung * Darbietung Schüler(innen)referat	 * Affektiv individuelle Einstimmung auf das Thema durch ein Brainstorming * Auseinandersetzung mit fremder Ansicht und Überprüfung des eigenen Standpunkts * Systematisieren der Songaussagen/Erkennen von Entstehungsbedingungen für Angst * Auseinandersetzung mit einer wissenschaftlichen These (F. Riemann); [Klasse soll Notizen führen und Fragen notieren] * Auswertung eines Vortrags anhand eigener Notizen und Systematisieren der Ergebnisse	 Tafelanschrift (*Wann/Wovor*- Fragen) Still-/Einzelarbeit Kassette / Arbeitsblatt (AB10) Stillarbeit (Arbeitsauftrag auf AB10) Unterrichtsgespräch Tafelanschrift LV (einführend) SV (mit begleitendem Tafel- oder Folienbild) Unterrichtsgespräch Tafelanschrift
Anwendung	* Verinnerlichen der abstrakten These durch passende, selbstgewählte Beispiele aus der eigenen Lebensrealität	Partnerarbeit Unterrichtsgespräch
Vertiefung/Ausblick	* Anstöße für eigene Wertentscheidung (Kunstwerk *Der Schrei* von Edvard Munch)	Folie in Farbe (auf AB10 in s/w) Unterrichtsgespräch / Stillarbeit

Geplantes Tafelbild:

Ängste – Grundformen menschlichen Lebens?

Wann/Wovor habe ich persönlich Angst?
- ...
- ...

[Schüler(innen)äußerungen]

Wann/Wovor kann man Angst haben?
- ...
- ...

[Schüler(innen)äußerungen]

Entstehungsbedingungen für Angst:

Situationen, in denen
- Ohnmacht
- Hilflosigkeit
- Abhängigkeit

erlebt wird!

FRITZ RIEMANN (Psychologe):
Grundformen der Angst

Angst hat wichtige Funktionen für den Menschen:

1. Signal und Warnung bei Gefahren (Bedrohungssituationen)
2. Aufforderungscharakter, diese Angst auch zu überwinden (Chance, neuen Entwicklungsschritt zu wagen; Grenzen überschreiten)
   ➔ Möglichkeit, durch Auseinandersetzung mit Ängsten wissender und stärker zu werden

These Riemanns:

Vier Grundformen der Angst	korrespondieren mit	vier Grundforderungen des Lebens
a) Angst vor Ich-Verlust/Abhängigkeit	➔	Selbsthingabe
b) Angst vor Isolierung/Ungeborgenheit	➔	Selbstwerdung
c) Angst vor Unsicherheit/Vergänglichkeit	➔	Wandlung
d) Angst vor Unfreiheit/Endgültigkeit	➔	Notwendigkeiten d. Lebens

⇨ Mensch muss sich diesen 4 Forderungen stellen und dadurch Ängste überwinden!

ANGST
Herbert Grönemeyer

angst vor der geschichte
angst vor sich selbst, sich in sich zurückzuziehen
angst vor der welt
angst auszubrechen, sich zu blamieren, sich aufs eis zu wagen

angst zu verblöden vor der endgültigkeit
sich an alles zu gewöhnen, aus angst vor der zeit
angst zu verblöden, bereits mundtot zu sein
angst stellt ruhig, angst kriegt klein

angst braucht waffen
aus angst vor dem feind, obwohl keiner so recht weiß: wer ist damit gemeint?
angst überholt zu werden, angst vor konkurrenz
angst vor der dummheit, vor ihrer intelligenz

angst als methode angewandt, einschüchtern ist eingeplant
angst stellt ruhig, angst kriegt klein
angst voreinander, angst rauszugehen, wir sind uns alle verdächtig

angst in die augen zu sehen
angst vor gefühlen, angst vor zärtlichkeit
angst aus erfahrung, zuviel vertraulichkeit

angst zu verblöden...

angst ferngelenkt zu werden, angst vor dem aus
angst, es allen recht zu machen, angst frißt auf
angst sich zu wehren, angst alleine zu sein
angst vor der angst, wir schlafen ein

Arbeitsauftrag:

Wovor hat der Sprecher *hauptsächlich Angst?*
Welche Ängste können Sie mit ihm teilen, welche überhaupt nicht?

EDVARD MUNCH (1863–1944), ***DER SCHREI* (1893)**

STUNDE 9

Stundenverlauf:

- Zu Beginn der Stunde gilt es, die Schüler(innen) für eine Thematik zu sensibilisieren, die alle in individueller Weise betrifft. In Stillarbeit und in einer *Brainstorming*-Phase sammeln die Schüler(innen) Assoziationen und konkrete Begriffe, die sie mit dem Wort *Liebe* verbinden. Dabei sollen die unterschiedlichen Dimensionen des Stichwortes bereits hier, dann bei der Sammlung der Ergebnisse deutlich werden. Fazit: Wie *Identität* ist auch *Liebe* ein vielschichtiger Begriff, der nicht einheitlich für eine Gruppe festgelegt werden kann.
- Kontrastiv hierzu schließt sich die Rekapitulation der letzten Stunde an. Entsprechend wird auf die unterschiedlichen Bedeutungen der *Angst* verwiesen. Dabei sollte ein Schüler/eine Schülerin den Verlauf der Stunde 8 wiedergeben und gleichzeitig die jeweiligen Ergebnisse im Fortschritt nennen.
- Anschließend erfolgt eine Konfrontation mit dem Abschnitt *Nacht* aus dem Drama *Faust* (**L2**) von **Johann Wolfgang Goethe**. (Anmerkung: Das Werk wird meist im Deutschunterricht in der Kursphase der Oberstufe behandelt.) Der Text wird von der Lehrkraft vorgetragen, die Schüler(innen) nehmen Stellung hierzu und versuchen diesen Abschnitt in den Kontext *Suche nach Identität* einzuordnen.
- Anhand der Fragestellung *Wo ist das zu finden?* und *Von wem stammt das?* wird die Textpassage *Lev 19,18* aus der Bibel vorgelesen. Dabei wird auf die Breite biblischer Bezüge für die Fragen nach *Identität* und *Selbstfindung* verwiesen. Der Charakter der Bibel als Sammlung unterschiedlicher literarischer Gattungen und Texte wird erfragt, die Tafelanschrift entsprechend erarbeitet.
- In einem ersten Erarbeitungsschritt erfolgt die Problematisierung des Doppelgebots der Liebe in *Mt 22,37-39*. Dies kann über die eigene stille Lektüre oder das Vorlesen durch die Lehrkraft bzw. eines Schülers/einer Schülerin erfolgen. Inhalt und Dimensionen sind im Regelfall rasch erkannt und durch ein SLG problemlos für die Tafelanschrift zu benennen. An dieser Stelle ergibt sich die Option, auf **Erich Fromm** und sein Werk *Die Kunst des Liebens* einzugehen, etwa in Form eines Schüler(innen)referats. Dies wäre aber auch für die Stundeneröffnung denkbar, somit könnte die *Brainstorming*-Phase bereits im voraus auf das Stundenthema hinführen.
- In Still- und Einzelarbeit lesen und bearbeiten die Schüler(innen) anschließend *Mt 25,31–46*. Vorzugeben ist, dass sie die Kernaussagen wie auch das skizzierte menschliche Verhalten notieren sollen. Zudem sind etwaige Fragen festzuhalten, die bei der Lektüre aufkommen, um diese dann im anschließenden LSG/SLG klären zu können. Wiederum erfolgt die Fixierung der für die Thematik entscheidenden Inhalte an der Tafel.
- In einem dritten Schritt werden die bislang eher theoretisch gehaltenen Texte durch einen klaren Handlungsauftrag erweitert. *Lk 18,18–37* beinhaltet eine deutliche Aufforderung, sich auf das Wesentliche im eigenen Leben zu konzentrieren und das Bisherige zu überdenken. Der angesehene reiche Bürger muss sich entscheiden: Nachfolge oder Fortführung des bisherigen Lebens mit allen Bequemlichkeiten. Plakativ hat dies Rüdiger Pfeffer in seinem Comic *Jesus der Galiläer* gestaltet: Der reiche Mann gerät durch die Antwort Jesu in eine Dilemmasituation. Den Schüler(inne)n kann der Comic (a) als Farbfolie auf dem Tageslichtprojektor dargeboten (Vorteil: Sammlung der Aufmerksamkeit) oder aber (b) als **AB11** vorgelegt werden (Vorteil: die Schüler(innen) können sich dem Vorgestellten intensiver widmen). Hier wurde Alternative

(b) bevorzugt und die Perikope in Partnerarbeit anhand der folgenden Fragen bearbeitet:
- *Wie ist die Ausgangssituation des Gesprächs?*
- *Was fordert Jesus?*
- *Worin besteht das Dilemma für den Mann?*
- *Welche Gründe lassen sich für die verschiedenen Handlungsmöglichkeiten des Mannes vorbringen?*

Anschließend werden die Ergebnisse gesammelt, verglichen und kritisch hinterfragt. Wiederum finden die wesentlichen Aussagen Niederschlag an der Tafel.

- In einer kurzen Hausaufgabe sollen die Schüler(innen) die Stundenthematik vertiefen und eine kreatives und/oder fantasievolles Ende der Geschichte schreiben: *Wie sieht das weitere Leben des Mannes aus?*

Schematischer Überblick:

LERNSCHRITTE	**LERNZIELE**	**MEDIEN UND UNTERRICHTSVERFAHREN**
Einstieg: Brainstorming	* Sammlung und Strukturierung von Begriffen zur Thematik *Liebe*	Heft/Ordner Stillarbeit
Rekapitulation	* Verlaufsprotokoll der Vorstunde	SLG
Hinführung mit Themenstellung	* Konfrontation mit *Faust*, Nacht (Anfang) * Annäherung an das Stundenthema und erste Problematisierung mittels *Lev 19,18*	LV/SLG SLG/Tafelanschrift
Erarbeitung		
* 1. Schritt	* Erkennen und Analyse der Vielschichtigkeit von Mt 22,37–39	SLG Neues Testament (oder AB) Tafelanschrift
* 2. Schritt	* Verbindungen herstellen zu einer praktischen Umsetzung (Mt 25,31–46)	Still-/Einzelarbeit Neues Testament (oder AB) Tafelanschrift
* 3. Schritt	* Auswertung der Bibelstelle Lk 18,18–27 (als Comic) – Vorstellen der Ergebnisse – Vergleichen unterschiedl. Ansichten	Partnerarbeit Arbeitsblatt (AB11) SV/SLG Tafelanschrift
Vertiefung	* Kreatives und fantasievolles Schreiben (Möglichkeit der freiwilligen Abgabe)	Arbeitsblatt (AB11)

Geplantes Tafelbild:

<u>Die Bibel – Antriebskraft für Selbsterkenntnis und Selbstfindung</u>

Die Bibel kann zum Selbstverständnis des Menschen beitragen.
Hierzu einige Beispiele aus dem Neuen Testament:

1) Das Doppelgebot der Liebe (Mt 22,37–39):

Liebe Gott! *Liebe deinen Nächsten* *wie dich selbst!*	Voraussetzung für die Liebe anderer (Geschöpfe Gottes): Selbsterkenntnis + Selbstakzeptanz

2) Wonach der Weltenrichter urteilt (Mt 25,31–46):

Was ihr einem meiner *geringsten Brüder getan habt,* *das habt ihr mir getan.*	Mut zur Übernahme von Verantwortung für den Nächsten.

3) Der angesehene reiche Bürger (Lk 18,18–27):

Besinnung *Verzicht* *Nachfolge*	Kritisches Nachdenken über eigenes Leben; Umsetzung wirklich wichtiger Werte im eigenen Leben

Herausforderung zum Überdenken und möglicherweise zur Veränderung des eigenen Verhaltens

[Aus: PFEFFER, Rüdiger. Jesus der Galiläer/2. Stuttgart: Deutsche Bibelgesellschaft, 1993]

Johann Wolfgang Goethe: *Faust. Der Tragödie erster Teil* (354–385).

FAUST *unruhig auf einem Sessel am Pulte.*

FAUST: Habe nun, ach! Philosophie,
Juristerei und Medizin
Und, leider! auch Theologie
Durchaus studiert, mit heißem Bemühn.
Da steh ich nun, ich armer Thor!
Und bin so klug, als wie zuvor;
Heiße Magister, heiße Doktor gar
Und ziehe schon an die zehen Jahr,
Herauf, herab und quer und krumm
Meine Schüler an der Nase herum –
Und sehe, daß wir nichts wissen können!
Das will mir schier das Herz verbrennen.
Zwar bin ich gescheiter als alle die Laffen,
Doktoren, Magister, Schreiber und Pfaffen;
Mich plagen keine Skrupel noch Zweifel,
Fürchte mich weder vor Hölle noch Teufel –
Dafür ist mir auch alle Freud entrissen,
Bilde mir nicht ein, was Rechtes zu wissen,
Bilde mir nicht ein, ich könnte was lehren,
Die Menschen zu bessern und zu bekehren.
Auch hab ich weder Gut noch Geld,
Noch Ehr und Herrlichkeit der Welt;
Es möchte kein Hund so länger leben!
Drum hab ich mich der Magie ergeben,
Ob mir durch Geistes Kraft und Mund
Nicht manch Geheimnis würde kund;
Daß ich nicht mehr mit sauerm Schweiß
Zu sagen brauche, was ich nicht weiß;
Dass ich erkenne, was die Welt
Im Innersten zusammenhält,
Schau alle Wirkenskraft und Samen,
Und tu nicht mehr in Worten kramen.

STUNDE 10

Stundenverlauf:

- Die Eröffnungsphase dieser Stunde, in der es um den Wert sowie die Problematik von Vorbildern geht, nimmt Bezug auf die Lebensrealität der Schüler(innen). Dazu werden Poster oder Titelbilder von Magazinen mit den Porträts aktueller und altersgemäßer Idole/Berühmtheiten präsentiert (z.B. Kurt Cobain von der Band Nirvana). Rasch kommt es zu einem Austausch, zu Beifalls- und Unmutsäußerungen sowie Kommentaren. Der Lehrerimpuls *Ich möchte gerne sein wie...* fordert zu weiteren Stellungnahmen und unbewusster Problematisierung heraus, auf die im weiteren Stundenverlauf zurückgegriffen werden kann.
- Bei der Wiederholung der Vorstunde steht dieses Mal die Darbietung der Ergebnisse im Vordergrund. Der Ergänzung dienen weitere Detailfragen durch die Lehrkraft.
- Nun werden die vier zu klärenden Begriffe (Vorbild, Leitbild, Ideal, Idol) an die Tafel geschrieben. In einer kurzen Still- und Einzelarbeit erhalten die Schüler(innen) die Möglichkeit, sich zunächst selbst mit den Begriffen auseinanderzusetzen.
- Die Ergebnisse werden gesammelt und dann anhand von Lexikonartikeln relativiert bzw. ergänzt. Die Tafelanschriften werden dementsprechend um griffige Definitionen erweitert.
- In dem folgenden Unterrichtsgespräch sollen die Schüler(innen) die jeweiligen Gefahren erkennen, die von den einzelnen Phänomen ausgehen können. Dies wird wiederum an der Tafel festgehalten.
- In Gruppenarbeit erstellen jeweils vier Schüler(innen) einen Kriterienkatalog:
  - *Was muss beachtet werden, um Gefahren vorzubeugen, die von einem Vorbild ausgehen können?*
  - *Unter welchen Bedingungen kann ein Vorbild für meine eigene Lebensgestaltung von Nutzen sein kann?*

  Die Sammlung der Ergebnisse geht in eine Diskussionsphase über. Prägnante Diskussionsergebnisse werden an der Tafel festgehalten.
- Jetzt werden die Schüler(innen) aufgefordert, in Still- und Einzelarbeit über die eigenen Vorbilder nachzudenken und sich diesbezüglich Notizen zu machen. Hierbei sollen auch die Gründe der jeweiligen Entscheidungen für bestimmte Personen angegeben werden. Dies wird der Ankerpunkt für die Hausaufgabenstellung, durch welche die Thematik ausgeweitet und in die nächste Unterrichtsstunde hineingenommen wird.
- Anhand eines Films über das Leben des Franz von Assisi (*Franziskus* mit Mickey Rourke) kommt es nochmals zu einer Problematisierung des Themas. (Anmerkung: Sollte nur ein Ausschnitt des Films gezeigt werden, sind die Szenen zu wählen, in denen Franziskus seine Berufung spürt und er Konflikte wegen seiner Armutsforderung erfährt.) Die Schüler(innen) machen sich selbstständig Notizen, die schließlich in ein abschließendes Unterrichtsgespräch eingehen.

Schematischer Überblick:

LERNSCHRITTE	LERNZIELE	MEDIEN UND UNTERRICHTSVERFAHREN
Einstieg: Poster, Titelbilder von Magazinen	* Sammeln von Reaktionen (Impuls: *Ich möchte gerne so sein wie ...*)	LSG Tafelanschrift Seite (Namen)
Rekapitulation	* Ergebnisprotokoll der Vorstunde (mit ergänzenden Detailfragen)	SLG
Hinführung mit Themenstellung	* Konfrontation mit Begriffen, die sofort als Überschrift vorgegeben werden * Eigenständige Definitionsversuche mit anschließender Auswertung	LV/SLG Tafelanschrift Still-/Einzelarbeit
Erarbeitung * Darbietung * Erschließung 1 * Erschließung 2 * Aneignung	 * Differenzieren der verschiedenen Begriffe aufgrund von Lexikonartikeln * Problematisieren der Begriffe, Erkennen der potentiellen Gefahren * Erstellen von Kriterien für ein „nützliches" Vorbild * Reflektieren: *Mein eigenes Vorbild* (Warum? Grenzen?)	 LV/SLG Tafelanschrift LSG Tafelanschrift Gruppenarbeit SV/SLG Tafelanschrift Still-/Einzelarbeit (SV freiwillig)
Vertiefung	* Analyse und Problematisierung der Thematik anhand eines konkreten Beispiels (Armutsforderung und Leben des Franz von Assisi; hier: Film *Franziskus* mit Mickey Rourke)	Video/TV Notizen (Stillarbeit)
Ausweitung	* *Mein Vorbild* (mit allen Einschränkungen und Begründungen)	Schriftliche Hausaufgabe

Geplantes Tafelbild:

Vorbild – Leitbild – Ideal – Idol

1. Begriffe

Vorbild

Person / Personengruppe die – v.a. äußerlich – als Ideal und Orientierung dient; Wunsch nach vollständiger Identität mit dieser Person / Personengruppe.

Gefahr:

Unterordnung
Identitätsverlust

Leitbild

Vorstellung, Idee oder Person, die als Orientierungshilfe dient; keine vollständige Deckung zwischen eigenem Ich und Leitbild zwingend

Gefahr:

Bei Übertreibung:
Ich-Verlust

Ideal

- Verkörperung von etwas Vollkommenen (Person / Gegenstand)
- Idee, nach deren Verwirklichung man strebt

Gefahr:

Unerreichbarkeit
Frustration

Idol

- Person bzw. Gegenstand besonders großer Verehrung
- Falsches Ideal; Leitbild, dessen Zugkraft im vordergründig Äußerlichen liegt

Gefahr:

Ich-Verlust
Realitätsferne

2. Kriterien für die Nützlichkeit von „Vorbildern“ für unsere eigene Lebensgestaltung

Was muss beachtet werden, um Gefahren vorzubeugen, die von einem Vorbild ausgehen können?

- kein blindes Nachäffen
- Bewahrung der eigenen Persönlichkeit
- keine vollständige Identifikation (notwendig)
- ...

Unter welchen Bedingungen kann ein Vorbild für meine eigene Lebensgestaltung von Nutzen sein?

- kritische Auseinandersetzung
- persönl. / gesellschaftl. Folgen bedenken
- ...
- ...

STUNDE 11

Stundenverlauf:

- Gleich zu Beginn der Stunde werden die Schüler(innen) mit einer aktuellen Meldung auf der Titelseite einer Tageszeitung (Sensationspresse) konfrontiert und zu Stellungnahmen herausgefordert.
- Nach wenigen Minuten wird die erste Begegnung mit dem Stundenthema zugunsten der Rekapitulation der Vorstunde unterbrochen. Kollektiv oder gezielt erfolgt die Erschließung von Stunde 10. Zuvor jedoch besteht die Möglichkeit, die schriftlichen Hausaufgaben vorzutragen.
- Die eingangs gezeigte Titelseite (Sensationspresse) wird nun in Kontrast gesetzt zu einer speziellen Meldung auf der ersten Seite einer Qualitätstageszeitung vom selben Tag. Damit wird die Problematik der Stunde vorgezeichnet. Die Unterschiede fallen den Schüler(inne)n sogleich auf, sie artikulieren ihre Eindrücke und die potentiellen Gründe für diese Differenzen. Das Stundenthema wird an der Tafel fixiert.
- Anhand der folgenden Leitfragen können die Gefahren der unkritischen Auseinandersetzung mit Meldungen in Tageszeitungen gesammelt und schließlich als Tafelanschrift festgehalten werden:
    - ♦ *Was sollen wir denn glauben?*
    - ♦ *Kann das jeder unterscheiden?*
- Anschließend erfolgt die Aufteilung der Klasse in Gruppen (3–4 Schüler/innen), jede Gruppe erhält eine von ca. sieben mitgebrachten Zeitungen und ein Arbeitsauftrag wird als Tafelanschrift vorgestellt:
    - ♦ *Stellen Sie den Aufbau einer Tageszeitung dar!*
    - ♦ *Benennen Sie die entscheidenden Elemente!*

  Die Ergebnisse werden gesammelt und an der Tafel als schematische Darstellung fixiert. Gegebenenfalls erhalten die Gruppen weitere Arbeitsaufträge via Tafel oder Tageslichtprojektor. Nach ausreichender Zeit stellen einzelne Gruppenmitglieder die Ergebnisse vor und arbeiten bei der Fassung der Tafelanschrift mit.
- In einer abschließenden Diskussion unter dem Motto *BILD dir deine Meinung* wird der Einfluss der Medien am Beispiel Tageszeitungen nochmals problematisiert, werden die Gefahren wiederholt und Kriterien für die eigene kritische Beschäftigung mit Medien erfragt.
- Die Beobachtungsaufgabe für die nächste Stunde ist mündlich und freiwillig.

Schematischer Überblick:

LERNSCHRITTE	LERNZIELE	MEDIEN UND UNTER-RICHTSVERFAHREN
Einstieg: Aktuelle Titelmeldung (BILD)	* Reagieren auf Titelmeldung einer Tageszeitung (Sensationspresse)	LSG Tageszeitung (aktuell)
Rekapitulation	* Vorlesen der Hausaufgaben * Wiederholung der Begriffe der Vorstunde mit jeweiliger Problematisierung	SV LSG
Hinführung mit Themenstellung	* Konfrontation mit einer weiteren Titelseite desselben Tages * Herausfordern zu Stellungnahmen	LV/SLG LSG Tafelanschrift
Erarbeitung		
* Erschließung	* Regeln für den nützlichen Umgang mit Tageszeitungen erstellen (Gefahren)	SLG Tafelanschrift
* Analyse	* Erkennen des Aufbaus einer Tageszeitung (pro Gruppe zunächst eine Zeitung)	Gruppenarbeit (3–4 Personen) Tageszeitungen (mindestens 7) Tafelanschrift
	* Vergleichen und Beurteilen der Titelseite unterschiedlicher Printmedien vom gleichen Tag (Gestaltung, Inhalte)	Gruppenarbeit Arbeitsaufträge an Tafel
	* Reflexion über den möglichen Einfluss der Tageszeitungen auf Identität	
* Aneignung	* Sammeln und Systematisieren der Ergebnisse	SLG Tafelanschrift
Vertiefung	* Konfrontation: Ist eigene Meinungsbildung noch möglich (*BILD dir deine Meinung* – Slogan der BILD-Zeitung)?	SLG Tafelanschrift (Ergebnis)
Ausweitung	* Tageszeitung des heutigen Tages auf Auffälligkeiten hin lesen	mündliche und freiwillige Hausaufgabe

Geplantes Tafelbild:

Medien und ihr Einfluss auf unsere Identität
Ein Vergleich verschiedener Tageszeitungen

Gefahren bei unkritischer Auseinandersetzung:

- Übernahme fremder Anschauungen und „Vorbilder“ ⇨ Eigene Meinung geht verloren (Identität?)
- Manipulation des Einzelnen ⇨ Fremdsteuerung
- „Einlullen“: Mensch vertraut auf Informationen (auch aus Bequemlichkeit) ⇨ Eigeninitiative zur Selbsterkenntnis geht verloren

Untersuchung verschiedener Tageszeitungen:

BILD, die tageszeitung, Frankfurter Allgemeine Zeitung, Süddeutsche Zeitung, DIE WELT, Regionalzeitungen ...

Fazit:

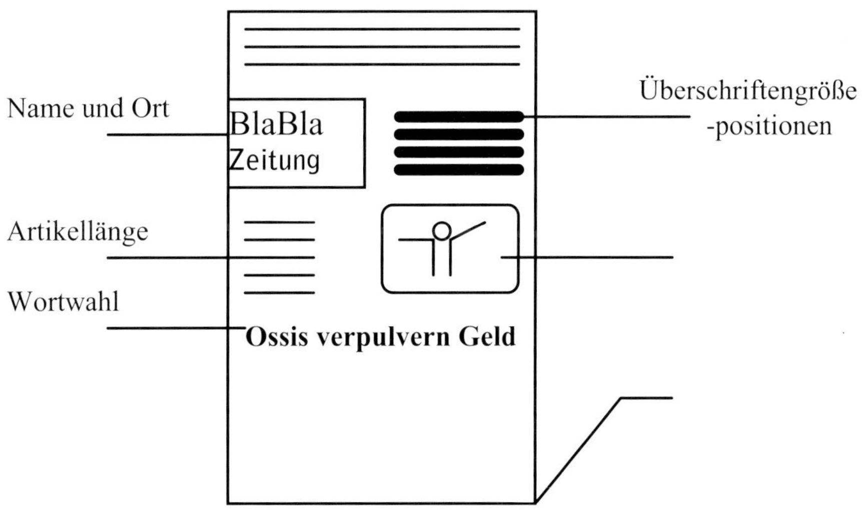

Tageszeitungen selektieren und platzieren die Nachrichten des Tages bereits so, dass die Leser(innen) in eine bestimmte Informationsrichtung gelenkt werden.
Ergo:

Meinungsbildung kann zur Manipulation werden, wenn subjektive Einzelmeinungen als allgemein gültige Tatsachen verkauft werden.

Quellenverzeichnis

AB2 Karikatur von Detlef Surrey.

AB4 Hampden-Turner, C. (1996). Modelle des Menschen. Weinheim: Beltz PVU.

AB5 Hampden-Turner, C. (1996). Modelle des Menschen. Weinheim: Beltz PVU.

AB7 Douglas Adams, Per Anhalter durch die Galaxis. © 1981 by Rogner & Bernhard Verlags GmbH & Co. Verlags KG, Hamburg.

AB9 Lingenmair, C. E. & Mikula, G. (1987). Funkkolleg Psychobiologie. Weinheim: Beltz.

AB10 Edvard Munch, Der Schrei. © The Munch Museum / The Munch Ellingsen Group / VG Bild-Kunst, Bonn 2002.

AB11 Rüdiger Pfeffer, Jesus der Galiläer/2, © 1993 Deutsche Bibelgesellschaft, Stuttgart.

F1 Wer bin ich? aus: Dietrich BONHOEFFER, Widerstand und Ergebung. © Chr. Kaiser / Gütersloher Verlagshaus GmbH, Gütersloh.

F2-A Hampden-Turner, C. (1996). Modelle des Menschen. Weinheim: Beltz PVU.

F2-B Salvador Dali, Metamorphose von Hitlers Gesicht in eine Landschaft im Mondlicht mit Begleitung. © Demart pro Arte B.V. / VG Bild-Kunst, Bonn 2002.

F3 Primo Levi, Ist das ein Mensch? Die Atempause. Aus dem Italienischen von Heinz Riedt und Barbara und Robert Picht. © 1991 Carl Hanser Verlag, München – Wien.

F4 Hampden-Turner, C. (1996). Modelle des Menschen. Weinheim: Beltz PVU.

F5 Hampden-Turner, C. (1996). Modelle des Menschen. Weinheim: Beltz PVU.

F6 Jostein Gaarder, Sofies Welt. Roman über die Geschichte der Philosophie. Aus dem Norwegischen von Gabriele Haefs. © 1993 Carl Hanser Verlag, München – Wien.

F7 Hampden-Turner, C. (1996). Modelle des Menschen. Weinheim: Beltz PVU.

Wir danken den Autorinnen und Autoren sowie den Verlagen für die uns freundlicherweise erteilten Abdruckgenehmigungen. In seltenen Fällen konnten die Rechteinhaber der abgedruckten Texte nicht ermittelt werden. Wir bitten ggf. um Benachrichtigung.

Notizen

Notizen:

Notizen:

Notizen